U0069087

圖解 2016 中國「政府工作報告」

目錄 contents

2016 中國「政府工作報告」解析

一、2016「政府工作報告」的特色

一年一度的中國「兩會」於2016年3月3日揭開序幕。在3月5日第十二屆人大四次會議的開幕會議上，國務院總理李克強照例進行2016年政府工作報告。這是李克強總理任內第三次進行工作報告，同樣受到國際間矚目。除了「工作報告」本身揭櫫未來一年中國政府的施政方向之外，2016年是「十三五」規劃的起頭年。「十三五」是完全在習李體制主導下，擘畫未來五年的經濟藍圖。「創新引領」、「2020年城鄉人均收入較2010年翻倍」的聲音，將不斷出現在未來五年的各項文件中。

本次報告內容長達19,535字，是李克強總理上任三次「工作報告」中篇幅最長的一次。面對全球經濟欲振乏力、中國本身經濟下行壓力加大、國內社會階層出現分化、貧富差距的狀況嚴重，中國的建設布局擺脫量的增加，強調質的提升以及成長的平衡性。這在今年的「工作報告」內容中隨處可見。

二、「十三五」要點

本屆「工作報告」無疑是圍繞「十三五」規劃而定。國

務院根據去年10月十八大第五次會議通過的「中共中央關於制定國民經濟和社會發展第十三個五年規劃的建議」，制定「國民經濟和社會發展第十三個五年規劃綱要（草案）」，提交人大會議審查。「十三五」為未來五年的中國經濟描繪出具體的樣貌。

中國每五年的社會經濟規劃已是研究中國未來發展的必讀項目。其政策走向往往決定了五年內的資源配置和政策強度。以剛結束的「十二五」規劃為例，「全面深化改革」、「全面依法治國」的規劃，確立了嚴打貪腐、調結構的主軸，包括擴大居民消費、發展七大新興產業、司法公安警務改革、醫療資源和保險普及化、金融鬆綁等重大措施均源自於此。「十三五」則確立了創新、協調、綠色、開放、共享五大發展理念。未來在民間創新創業、環保節能、互聯網+、資訊共享、金融科技等領域勢必爆發。

「十三五」規劃設定的各項經濟目標值包括：

	2015	2020	年均／累計增長
國內生產總值（GDP）	67.7萬億	＞90萬億	＞6.5%
城鎮化率	56.1%	60%	3.9%
服務業比重	50.5%	56%	5.5%
全社會研發經費投入強度	2.1%	2.5%	0.4%
移動寬頻用戶普及率	57%	85%	28%
基本養老保險參保率	82%	90%	8%
耕地保有量（億畝）	18.65	18.65	0

森林覆蓋率	21.66%	23.04%	1.38%
人均勞動生產率	8.7萬元	12萬元	6.7%
勞動年齡人口平均受教育年限	10.23年	10.8年	0.57年

　　為了延續「十二五」規劃的「全面建成小康社會」目標，「十三五」設定了一些可量化指標。像是2020年GDP和城 居民人均收入較2010年增加一倍；高鐵營業里程達到三萬公里，覆蓋80%以上的大城市；新建改建高速公路通車里程約3萬公里；1億農業轉移人口和其他常住人口在城鎮落戶；中等以上城市空氣品質優良天數比率逾80%；單位國內生產總值用水量、能耗、二氧化碳排放量分別下降23%、15%、18%；城鎮新增就業5000萬人以上；人均預期壽命提高1歲等。這些指標數字能否如期達標留待本文後面探討，然而這種政府設定目標式的經濟成長是否仍會是中國經濟發展的主要模式卻值得討論。

　　在當前全球經濟快速變遷的環境中，具有強烈社會主義色彩、由政府主導分配和訂定目標的計劃經濟是否仍能與時俱進不無疑問。英國「經濟學人」就曾公開表示，由國家設定一個特定的擴張目標，再經過刺激經濟政策達到這個目標的作法，是極不尋常的。事實上自習李體制上台後，不止一次顯露出政府對於刺激經濟政策的保留心態：去年中國經濟明顯下滑，進出口貿易萎縮，股市暴跌，外界多預期中國政府將出台刺激政策，重回投資及補貼出口的老路；當時李克

強總理曾表示，政府不會不計一切捍衛GDP成長目標。這樣的說法在過去政府言論當中是不常見的，也顯示當今中國政府比較重視經濟發展的實質面，而比較不以追求達成數字目標為主要任務的轉變。

然而，為何在「十三五」規劃中仍然提出詳細的目標數字？筆者認為，這恐怕不是經濟考量，而比較可能是政治考量。中央對地方，上級對下級的執政績效衡量，若沒有目標數字作依據，剩下的就只有人脈和關係；而地方官員長期習慣以達成目標作為晉升管道的重要依據，若沒有目標數字，恐怕不知如何施政。儘管為了達到目標可能無所不用其極，對經濟實質上是一種戕害。

不過筆者相信，未來五年習李政權對經濟的想法，比較會傾向今年「工作報告」中，對過去一年工作成果的一段描述：「不搞『大水漫灌』式的強刺激，而是持續推動結構性改革」。像是2015年全年GDP成長率較目標低0.1%的現象不會是唯一的一次。

三、本屆「政府工作報告」值得關注的要點

在「十三五」的架構之下，今年的「工作報告」對於2016年主要經濟指標提出的目標，和過去幾年出現了一些不同。下表列出過去四年的重點經濟目標：

	2016	2015	2014	2013
國內生產總值（GDP）增長率	6.5%～7%	7%左右	7.5%左右	7.5%左右
居民消費價格（CPI）漲幅	3%左右	3%左右	3.5%左右	3.5%左右
城鎮新增就業人數	1000萬	1000萬	1000萬	900萬
城鎮登記失業率	＜4.5%	＜4.5%	＜4.6%	＜4.6%
廣義貨幣（M2）增長率	13%左右	12%左右		
（實際執行可略高一些）	13%左右	13%左右		
財政赤字	2.18萬億	1.62萬億	1.35萬億	1.2萬億
財政赤字率	3%	2.3%	2.1%	2%
地方專項債券	4000億	--	--	--
進出口增長率	--	6%	7.5%	--

綜觀今年的經濟目標和過去的不同之處在於：

1.今年首次將國內生產總值（GDP）增長率從過去的目標值改為6.5%至7%目標區間。報告中指出，採用區間的用意，是考慮了「與全面建成小康社會目標相銜接，……推進結構性改革的需要，也有利於穩定和引導市場預期。」或許，不設目標值有助於降低從中央到地方為了「達標」進行許多失控的灌水建設和工程。然而在全球經濟如此低迷的當下，6.5%至7%的目標區間仍舊令人感到好奇是否能達成。外界對中國GDP數字的正確性一直以來都有不小的疑問，像是長期各地經濟成長率比全國平均高，以及各地GDP加總後不等於全國GDP的怪現象。筆者根據「2015中國統

計年鑑」的資料計算，2014年各地GDP總和較全國統
計數字高出4.8兆人民幣，約佔全國GDP 的7%；2013
這個數字為4.6兆人民幣（8%）；2012年為5.8兆人民
幣（10%）。就連「十三五」規劃大綱出台後，各
省、直轄市、自治區紛紛提出未來五年GDP年均增長
目標，絕大多數都在6.5%以上，重慶市和貴州省甚至
定下10%的目標。設定目標區間或許會減輕達標的壓
力，但對亟欲表現的地方政府官員來說，過去衡量執
政績效模式很難在一夕之間改變。

2. **提高財政赤字金額及赤字率**。過去三年赤字率約在
2%左右，今年大幅提高到3%，達到2.18萬億，較去
年增加5000億。擴大財政赤字主要在於減稅降費，包
括全面實施營改增、取消違規設立的政府性基金，以
及全面免徵18項行政事業性收費，和過去擴大赤字增
加基礎建設的作法大不相同。此外和去年不同的是，
明確安排地方專項債券4000億元，繼續發行地方政府
置換債券。專項債券有明確的收入來源，債務風險較
低；地方政府債務置換能夠降低銀行放款違約風險、
提高資本適足率、改善地方債務可持續性，2015年初
財政部規劃1萬億的置換額度，後來多次追加，總計
置換額度高達3.2萬億！估計能減輕地方政府每年千億
元以上的利息負擔，對於地方債務問題的紓解有直接

的幫助。

3. **不訂進出口增長率目標**。2015年的「工作報告」中，設定進出口增長6%的目標。然而，國際經濟情勢嚴峻，有效需求不振，全球貿易量出現萎縮。根據中國海關總署的統計，2015年的進出口總值較2014年下降7%，是少數明顯未達標的項目。其中，出口衰退1.8%，進口衰退13.2%，與歐盟和日本的雙邊貿易分別下降7.2%和9.9%。展望今年全球景氣依然考驗重重，不設對外貿易目標，改以過去常見的「回穩向好」字眼，顯示對國際經濟的保守心態，也反應本文前面提到，目標成長率與刺激方案之間孰輕孰重的問題。

4. **明訂地方專項債券額度**：本屆「工作報告」中首次明訂4000億人民幣的地方專項債券額度。去年在這部分仍是以「適當發行專項債券。保障符合條件的在建專案後續融資，防範和化解風險隱患。」的原則性指示。專項債券是以公益性建設項目，具有收益來源，能夠自償債務的債券，對解決地方政府債務問題有決定性的影響。2015年頒發的「地方政府專項債券發行管理暫行辦法」訂出專項債券額度有1000億元，今年的額度增加四倍。地方債務問題存在已久，長期為外界視為中國金融不定時炸彈，去年經由地方債務置換

的存量債務達3.2萬億，被視為解決地方債務的關鍵措施，至2017年，債務置換與專項債券仍是中央政府解決地方債務問題的主要手段。

除了經濟目標的調整之外，本次「工作報告」中，也有幾個首次出現的名詞，參考過去的例證，這些新名詞大多代表未來施政的重要方針：

1. **「新經濟」**：「新經濟」一詞最早出現在2014年博鰲論壇年會上李克強總理的談話。當年他強調綠色能源、環保和互聯網是「新經濟」發展的主要內容。後來我們也看到這二年中國在上述三個領域持續的快速發展。今年2月國務院常務會議中，李克強再度強調，「新經濟」裡面製造業和服務業常常是混在一塊的。顯示經過二年，「新經濟」不止是指數個新興產業帶動的新發展模式，而延伸為原有設計、製造、行銷、服務的串連，發展成新的「S型曲線」，帶動中國經濟的新動能。

2. **「供給側改革」**：今年的「工作報告」中，提到了2016年的八項重點工作。其中第二項是「加強供給側結構性改革」。「供給側改革」因而成為今年「工作報告」中的熱門字眼。2015年的「工作報告」中李克

強總理提出「簡政放權」，是屬於政府職能供給的改革，今年將這個觀念擴大到舊產能淘汰、新產業扶持、市場資本和人力資源的有效運用，以及權益的維護。換句話說，「供給側」包括了產能的供給、資訊的供給、人力資源的供給、市場環境的供給、法治觀念的供給。

筆者認為，「供給側改革」將是未來五年中國政府施政的核心主軸，表現在下面各個領域：

(1)強化「簡政放權」：削減行政審批事項；對各項行政規費採目錄管理；利用「互聯網＋政務服務」，達到資料共享，提升效率；依法公示，社會監督。在今年的「工作報告」中，針對公權力出現了「簡除繁苛，禁察非法」的字眼，政府角色的調整未來勢必更為明顯，「管大事，少管小事」不僅增加政府效能，也杜絕許多走後門、攀關係的機會。

(2)釋放社會創新能力：強化創新主體地位，減少稅負；打造眾創、眾包、眾扶、眾籌平台；強化智財權及科技管理，稅收政策和分紅獎勵，發揮企業家精神。這一項明確對民間力量提供扶持，過

去政府主導產業走向、分配資源的角色更加弱化，甚至加以主張「市場倒逼」，由市場創新力量迫使政府和國營企業不得不面對競爭。

(3)**化解過剩產能**：特別點名鋼鐵、煤炭等「僵屍企業」去化過剩產能，設立1000億元專項獎補資金，重點用於職工分流安置。藉由環保意識，緊抱落後產能及高污染產業勢必面臨更嚴峻的兼併重組、債務重組或破產清算壓力。

(4)**提升製造及服務品質**：強調「工匠精神」，提升消費品品質；利用「中國製造＋互聯網」提升製造業；放寬服務業市場准入，打造現代服務業。這一點等於是呼應了人大代表、小米科技董事長雷軍以中國製造的電鍋和馬桶蓋質量遠不如日本為例，力推「新國貨運動」，提升製造水平的主張。

(5)**持續國企改革**：推進股權多元化改革、專業經理人、混合所有制，利用市場化遴選企業經理人及薪酬；放寬電力、電信、交通、石油、天然氣及市政公用等領域市場准入。去年以前談論國企改革時，從未明確指出特定產業，用詞上也僅以「分類推進」；今年則改以「大力推進」。未來這些曾經被視為國家安全的產業也將面臨市場化

競爭；此外，嚴查侵犯非公有制企業及非公有制
經濟人士合法權益的行為，則是對民間企業的權
益保護。

3. **「分享經濟」**：在今年「工作報告」中有二個地方提
到「分享經濟」：一是在強調做好「十三五」時期經
濟社會發展工作中的第三項：加快新舊發展動能接續
轉換；二是講述「供給側改革」時，強調發揮大眾創
業、萬眾創新和「互聯網+」集眾智、彙眾力的乘數
效應。這些很大程度是對社會訴求及民間活力展現的
回應，表明未來的政策是鼓勵民間活力作積極展現，
社會經濟的主要推進力將來自於民間資源的有效整合
及運用。

4. **「大眾旅遊時代」**：這是在談到消費拉動經濟增長的
項目時所提到的詞彙。旅遊業興起的背後，要有養
老、健康、教育、消費金融、二手車、交通設施、帶
薪休假等措施的配套。另外，網路家居、線上線下
互動、物流配送網路等，則是「互聯網+」的發揮。
「互聯網+」觀念在去年還在雲端計算的技術層面，
今年這個詞語的後面談的是政務、服務、創業、創
新。很明顯，利用新技術驅動消費力已是不可逆的現
象。

四、金融市場的變革：著墨不多但成效明顯

每年「工作報告」的內容都相當完備，涵蓋各個層面。金融市場的篇幅往往不是最大的一塊。但眾所周知，金融市場的改革是近年中國政府著力甚多的地方，無論未來五年「十三五」規劃要興建多長的鐵公路；要完成多少人口城鎮化；達成大眾創業、萬眾創新的平台；鼓勵民間籌資參股；「一帶一路」國際產能合作實現多大進展，都需要金融市場在背後作強力支持。2015年在股、匯、債市都取得了不小的進展，這對下一個五年的各項發展都有決定性的影響。

1. **利率市場化**：利率是資金的價格，利率的波動反應了各經濟體之間資金流動的有效性，以及對資金運用的風險評價。政府對利率進行管制扭曲了資金配置和風險機制，也讓國有銀行擁有壟斷資金的能力。中國的利率市場化自1996年銀行間同業拆款市場起步，進展十分緩慢，2004年放開存款利率下限，2012年起擴大存款利率上限的浮動區間，2013年7月全面開放貸款利率管制。2015年5月存款保險上路，10月完全放開存款利率上限，利率市場化的機制初步完成。

   人民銀行在利率市場化的角色，由利率制定者轉換為利率曲線的維護者。2014年還在強調「定向調控」、

「預調微調」；2015年已出現「綜合運用各種貨幣政策工具」的陳述，像是準備金率、利率等；今年在利率市場化完成後，毫不避諱指出「運用公開市場操作、利率、準備金率、再貸款等貨幣市場工具」。實際的運作上，人行依然擁有各式貨幣工具，調節市場資金環境，保持合理流動性。多數研究顯示，利率市場從管制走向開放之初，由於風險定價由市場決定，中小型銀行為吸引資金的緣故，利率水準往往會逐步走揚。然而因為中國經濟放緩明顯，人行過去一年多次降準及降息，利率曲線的變化還不明顯。今年M2的預期增長率也較去年提高1%（由12%增加至13%），資金供應獲得保障，利率可能會維持低檔。不過整體而言，利率的市場化對經濟體的資金配置影響，絕對不僅止於債券和拆款市場而已，股市、房地產，甚至匯率都會因為利率曲線的變化而改變。

2. **人民幣國際化**：2015年底，人民幣順利進入國際貨幣基金（IMF）特別提款權（SDR）的一籃子貨幣（入籃），成為國際貨幣的一員，此項決議將於2016年10月正式生效。人民幣走入國際自然是中國在全球貿易和金融市場重要性的象徵，讓中國的貨幣地位與貿易和金融地位對等，但同時中國資本市場開放的壓力也隨之而來。

人民幣國際化已是中國既定的策略，然而進入之後人民幣應採取何種地位和角色，存在也是中國未來的重要課題。人民幣在未來雖然極有可能成為亞洲區域型的代表貨幣，但不太可能仿效歐元模式，交出貨幣主權而由整體區域決定貨幣政策；也不太可能循日圓模式，以貿易為主要手段支持日圓，但受限於貿易對手（以美國為首）的開放市場壓力；比較可能的型態是中國在維持貨幣政策主導性和物價穩定的同時，加快資本對外開放的腳步，讓人民幣成為國際間的關鍵貨幣。

依據經濟學家孟岱爾（Robert A. Mundell）著名的三元悖論（Mundellian Trilemma），任何一個國家在國際經濟體系下，不可能同時達成(1)固定匯率；(2)獨立的貨幣政策；以及(3)國際資本自由流動。中國勢必會堅持獨立的貨幣政策；而即使人行仍會「保持人民幣匯率在合理均衡水準上基本穩定」，在邁向市場化後，人民幣波動幅度勢必加大；因此，逐步開放資本帳變成未來必須走的一條路。近期討論QFII與RQFII的合併議題即是一個試金石。

人行行長周小川在分析「十三五」規劃中的金融改革部分後，強調將大力發展資本市場的言論即可看出端倪。未來五年我們將會看到人民幣資本帳戶依循「先

長期後短期、先證券後信貸、先債券後股票、先境外後境內」的規劃推進。

3.新金融型態的發展：2016「工作報告」中明白指出，「發展民營銀行，啟動投貸聯動試點」、「發展互聯網金融、普惠金融和綠色金融」、「在全國開展消費金融公司試點，鼓勵金融機構創新消費信貸產品」。「普惠金融」也是「工作報告」規劃中的新名詞，意思是為全社會所有人員，尤其是弱勢族群提供平等的金融服務。包括儲蓄、貸款、租賃、保險、養老金、抵押、支付、匯款等。中國金融業隨著調結構，以內需消費為經濟發展推進力，逐漸由過去僅服務20%的大型企業（主要是國營企業）轉向80%的普羅大眾和中小企業，而互聯網金融和第三方支付的興起更直接讓普惠金融成為可能。平台概念讓金融服務能夠一視同仁，雲計算和大數據提高了服務差異，同時降低客製化成本。金融業過去牢不可破的「鐵板一塊」將隨著互聯網金融的爆發性開展遍地開花。

五、執行層面是成敗關鍵

每一年的「工作報告」照例引起海內外研究機構、學者

及媒體的討論，讚譽者有之，批評者也有之。不變的是這份近二萬字的報告受到矚目的程度。筆者在去年「2015政府工作報告」中，曾嘗試以投資者的觀點，從報告中找出一些政府對當前經濟環境的看法。去年對總體經濟環境的總結是：

「投資增長乏力，新的消費熱點不多，國際市場沒有大的起色，穩增長難度加大，一些領域仍存在風險隱患。」

筆者去年曾以國民所得會計帳的角度，分析「投資增長乏力」表示民間投資（I）不見起色；「新的消費熱點不多」表示民間消費（C）成長有限；「國際市場沒有大的起色」代表對外貿易（X-M）也無法產生貢獻。一年過後，根據國家統計局公布2015年的資料，2015年社會消費品零售銷售成長10.6%，是2003年以來最低；固定資產投資增加10%，為2000年以來最低；貿易總額衰退7%。事後資料顯示中國政府對於總體環境的掌控度是足夠的。

我們看看今年「工作報告」對經濟環境的描述：

「投資增長乏力，一些行業產能過剩嚴重，部分企業生產經營困難，地區和行業走勢分化，財政收支矛盾突出，金融等領域存在風險隱患。人民群眾關心的醫療、教育、養老、食品藥品安全、收入分配、城市管理等方面問題較多，

嚴重霧霾天氣在一些地區時有發生。」

對照本文前面所提的政策走向，讀者應不難體會未來政府的政策走向和施政著力點了。

此處不討論官方統計數字正確性的問題 （實際上這是許多研究機構共同的疑問）。但必須指出，「社會消費品零售銷售總額」計算的是實物商品及餐飲的銷售金額，包括實體店面及網路交易，但不包括「非實物商品」，也就是服務業消費。以當下中國經濟結構，第三產業（服務業）佔國內生產總值的50.5%，首度超過半數經濟規模，但消費的計算卻仍不包括非實物商品，顯然是不合時宜的。官方數字顯示，社會消費品零售銷售額佔整體GDP的比重為44%，遠低於一般國家消費對GDP的佔比，其中大幅低估了服務業應是原因之一。2015年中國對於租賃、倉儲、廣告、旅遊、娛樂、文化、教育、法律、金融的需求不斷提高，僅考慮實物銷售，甚至以此代表消費能力是不夠的。

此外，從上述的討論可以延伸出：中國的領導階層對未來有著無比的使命感和改革急迫性，在報告中不假辭色提到：「少數幹部不作為、不會為、亂作為，一些領域的不正之風和腐敗問題不容忽視。」但為何仍有層出不窮的弊端和問題？筆者認為對正確性的要求和執行能力，也就是「政策落實」，是領導階層無法在一篇近二萬字的報告中能夠保證

的。中國幅員之大，人口之多，即使中央發現問題，提出對策，還是需要地方官員和幹部來執行。這其中出現的隱匿、欺瞞、造假、自行其是、偷斤減兩、隱惡揚善是無法完全杜絕的，有些出於刻意，有些則出於無奈。當然，近年雷厲風行的反貪打腐、倡導簡政放權對政策的執行成效會有所助益，然而多數人對中國「政策落實」的期待，應遠超過一篇數萬字的「工作報告」。

唐祖蔭

2016年5月於台北

「政府工作報告」框架

「政府工作報告」基本結構

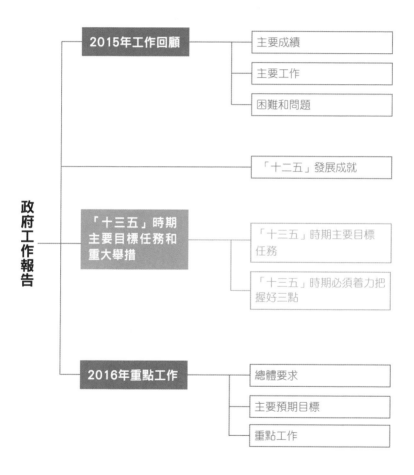

「政府工作報告」內容總目

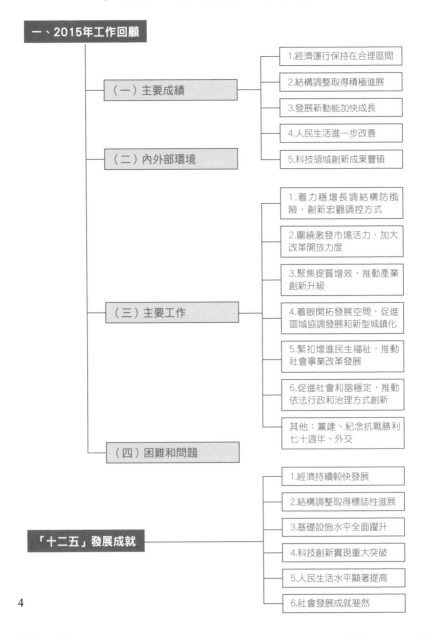

一、2015年工作回顧

（一）主要成績
- 1.經濟運行保持在合理區間
- 2.結構調整取得積極進展
- 3.發展新動能加快成長
- 4.人民生活進一步改善
- 5.科技領域創新成果豐碩

（二）內外部環境

（三）主要工作
- 1.着力穩增長調結構防風險，創新宏觀調控方式
- 2.圍繞激發市場活力，加大改革開放力度
- 3.聚焦提質增效，推動產業創新升級
- 4.着眼開拓發展空間，促進區域協調發展和新型城鎮化
- 5.緊扣增進民生福祉，推動社會事業改革發展
- 6.促進社會和諧穩定，推動依法行政和治理方式創新
- 其他：黨建、紀念抗戰勝利七十週年、外交

（四）困難和問題

「十二五」發展成就
- 1.經濟持續較快發展
- 2.結構調整取得標誌性進展
- 3.基礎設施水平全面躍升
- 4.科技創新實現重大突破
- 5.人民生活水平顯著提高
- 6.社會發展成就斐然

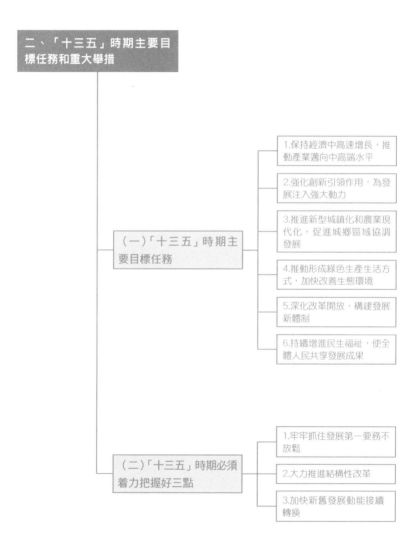

二、「十三五」時期主要目標任務和重大舉措

（一）「十三五」時期主要目標任務

1. 保持經濟中高速增長，推動產業邁向中高端水平

2. 強化創新引領作用，為發展注入強大動力

3. 推進新型城鎮化和農業現代化，促進城鄉區域協調發展

4. 推動形成綠色生產生活方式，加快改善生態環境

5. 深化改革開放，構建發展新體制

6. 持續增進民生福祉，使全體人民共享發展成果

（二）「十三五」時期必須着力把握好三點

1. 牢牢抓住發展第一要務不放鬆

2. 大力推進結構性改革

3. 加快新舊發展動能接續轉換

三、2016年重點工作

- （一）總體要求

- （二）主要預期目標

- （三）困難、挑戰與優勢

- （四）重點工作
  - 1. 穩定和完善宏觀經濟政策，保持經濟運行在合理區間
  - 2. 加強供給側結構性改革，增強持續增長動力
  - 3. 深挖國內需求潛力，開拓發展更大空間
  - 4. 加快發展現代農業，促進農民持續增收
  - 5. 推進新一輪高水平對外開放，着力實現合作共贏
  - 6. 加大環境治理力度，推動綠色發展取得新突破
  - 7. 切實保障改善民生，加強社會建設
  - 8. 加強政府自身建設，提高施政能力和服務水平
  - 其他：民族、宗校、僑務、國防、港澳台、外交

「政府工作報告」詳解

1

2015年
工作回顧

 主要成績

 主要工作

 困難和問題

政府工作報告

——2016 年 3 月 5 日在第十二屆全國人民
代表大會第四次會議上

李 克 強

各位代表：

現在，我代表國務院，向大會報告政府工作，請予審
議，並請全國政協各位委員提出意見。

一、2015 年工作回顧

習近平等中國共產
黨和中國國家領導
人出席開幕式

李克強離席做政府
工作報告

過去一年，我國發展面臨
多重困難和嚴峻挑戰。在以習
近平同志為總書記的黨中央堅
強領導下，全國各族人民以堅
定的信心和非凡的勇氣，攻堅

克難，開拓進取，經濟社會發展穩中有進、穩中有好，完成了全年主要目標任務，改革開放和社會主義現代化建設取得新的重大成就。

──**經濟運行保持在合理區間。** 國內生產總值達到67.7萬億元，增長6.9%，在世界主要經濟體中位居前列。糧食產量實現「十二連增」，居民消費價格漲幅保持較低水平。特別是就業形勢總體穩定，城鎮新增就業1312萬人，超過全年預期目標，成為經濟運行的一大亮點。

──**結構調整取得積極進展。** 服務業在國內生產總值中的比重上升到50.5%，首次佔據「半壁江山」。消費對經濟增長的貢獻率達到66.4%。高技術產業和裝備製造業增速快於一般工業。單位國內生產總值能耗下降5.6%。

──**發展新動能加快成長。** 創新驅動發展戰略持續推進，互聯網與各行業加速融合，新興產業快速增長。大眾創業、萬眾創新蓬勃發展，全年新登記註冊企業增長21.6%，平均每天新增1.2萬戶。新動能對穩

韓國趨勢專家：中國90後最經常思考的問題

就業、促升級發揮了突出作用，正在推動經濟社會發生深刻變革。

──**人民生活進一步改善。** 全國居民人均可支配收入實際增長7.4%，快於經濟增速。去年末居民儲蓄存款餘額增長8.5%，新增四萬多億元。又解決6434萬農村人口飲水

習近平：脫貧攻堅
戰衝鋒號已經吹響

屠呦呦出席諾貝
爾獎頒獎典禮

安全問題。扶貧攻堅力度加大，農村貧困人口減少 1442 萬人。

科技領域一批創新成果達到國際先進水平，第三代核電技術取得重大進展，國產 C919 大型客機總裝下線，屠呦呦獲得諾貝爾生理學或醫學獎。對我國發展取得的成就，全國各族人民倍感振奮和自豪！

回顧過去一年，成績來之不易。**這些成績，是在極為複雜嚴峻的國際環境中取得的。**去年世界經濟增速為六年來最低，國際貿易增速更低，大宗商品價格深度下跌，國際金融市場震盪加劇，對我國經濟造成直接衝擊和影響。**這些成績，是在國內深層次矛盾凸顯、經濟下行壓力加大的情況下取得的。**面對「三期疊加」的局面，經濟工作遇到不少兩難甚至多難問題，需要遠近結合，趨利避害，有效應對。**這些成績，是在我國經濟總量超過 60 萬億元的高基數上取得的。**現在國內生產總值每增長一個百分點的增量，相當於五年前 1.5 個百分點、十年前 2.5 個百分點的增量。經濟規模越大，增長難度隨之增加。在困難和壓力面前，全國各族人民付出了極大辛勞，一步一步走了過來。這再次表明，任何艱難險阻都擋不住中國發展前行的步伐！

一年來，我們主要做了以下工作：

經濟運行保持在合理區間

國內生產總值達67.7萬億元 ↑6.9%

糧食產量實現「十二連增」

城鎮新增就業1312萬人

結構調整取得積極進展

服務業

在國內生產總值中

比重上升到50.5%

消費對經濟增長貢獻率達66.4%

單位國內生產總值能耗 ↓5.6%

發展新動能加快成長

全年新登記註冊企業 ↑21.6%

平均每天新增1.2萬戶

人民生活進一步改善

全國居民人均可支配收入

實際 ↑7.4%

2015年末居民儲蓄存款餘額

↑8.5% 新增4萬多億元

解決6434萬農村人口飲水安全問題

農村貧困人口 ↓1442萬人

科技領域一批創新成果

達到國際先進水平

⚡ 第三代核電技術取得重大進展

✈ 國產C919大型客機總裝下線

屠呦呦獲得諾貝爾生理學或醫學獎

2015年主要成績

一是着力穩增長調結構防風險，創新宏觀調控方式。為應對持續加大的經濟下行壓力，我們在區間調控基礎上，實施定向調控和相機調控。積極的財政政策注重加力增效，擴大結構性減稅範圍，實行普遍性降費，盤活財政存量資金。發行地方政府債券置換存量債務 3.2 萬億元，降低利息負擔約二千億元，減輕了地方政府償債壓力。穩健的貨幣政策注重鬆緊適度，多次降息降準，改革存貸比管理，創新貨幣政策工具，加大對實體經濟支持力度。擴大有效投資，設立專項基金，加強水利、城鎮棚戶區和農村危房改造、中西部鐵路和公路等薄弱環節建設。實施重點領域消費促進工程，城鄉居民旅遊、網購、信息消費等快速增長。去年還積極應對

名詞解釋

相機調控

相機調控是指政府要根據市場情況和各項調節措施的特點，靈活機動地決定和選擇當前宏觀調控究竟應採取哪一種或哪幾種政策措施。相機調控很重要的就是要「預調、微調」。對於不同地區和不同產業，政府應該出台有差別的政策。如房地產市場就出現了分化現象，政府根據一二三四線城市房地產市場的不同特點，制定了有針對性的契稅房貸政策。

名詞解釋

降息降準

降息是指銀行利用利率調整，來改變現金流動。當銀行降息時，把資金存入銀行的收益減少，所以降息會導致資金從銀行流出，存款變為投資或消費，結果是資金流動性增加。

降準指降低存款準備金率，是央行貨幣政策之一。降準能夠釋放商業銀行在央行的保證金，增加市場資金供給，有利於刺激生產環節，表明流動性已開始步入逐步釋放過程。

股市、匯市異常波動等金融領域的多種風險挑戰,守住了不發生系統性區域性風險的底線,維護了國家經濟金融安全。

　　二是圍繞激發市場活力,加大改革開放力度。我們不搞「大水漫灌」式的強刺激,而是持續推動結構性改革。深入推進簡政放權、放管結合、優化服務改革。取消和下放 311 項行政審批事項,取消 123 項職業資格許可和認定事項,徹底終結了非行政許可審批。工商登記前置審批精簡 85%,全面實施三證合一、一照一碼。加強事中事後監管,優化公共服務流程。群眾和企業辦事更加方便,全社會創業創新熱情日益高漲。

李克強要求:再砍掉一批行政審批和核准項目及相關事項、關卡

財稅金融等重點改革深入推進。中央對地方專項轉移支付項目減少三分之一，一般性轉移支付規模增加。營改增穩步實施，資源稅從價計徵範圍擴大。取消存款利率浮動上限，推出存款保險制度，建立人民幣跨境支付系統。價格改革力度加大，中央政府定價項目減少 80%，地方政府定價項目減少一半以上。國有企業、農村、投融資、生態文明等領域改革有序推進，全面深化改革的成效正在顯現。

堅持以開放促改革促發展。努力穩定對外貿易，調整出口退稅負擔機制，清理規範進出口環節收費，提高貿易便利化水平，出口結構發生積極變化。外商投資限制性條目減少一半，95% 以上實行備案管理，實際使用外資 1263 億美元，增長 5.6%。非金融類對外直接投資 1180 億美元，增長 14.7%。推廣上海自貿試驗區經驗，新設廣東、天津、福建自

習近平出席亞投行開業儀式並為亞投行標誌物揭幕

貿試驗區。人民幣加入國際貨幣基金組織特別提款權貨幣籃子。亞洲基礎設施投資銀行正式成立，絲路基金投入運營。簽署中韓、中澳自貿協定和中國——東盟自貿區升級議定書。「一帶一路」建設成效顯現，國際產能合作步伐加快，高鐵、核電等中國裝備走出去取得突破性進展。

三是聚焦提質增效，推動產業創新升級。制定實施創新驅動發展戰略綱要和意見，出台推動大眾創業、萬眾創新政策舉措，落實「互聯網＋」行動計劃，增強經濟發展新動力。一

大批創客走上創業創新之路。完善農業支持政策，促進農業發展方式加快轉變。針對工業增速下降、企業效益下滑，我們一手抓新興產業培育，一手抓傳統產業改造提升。啟動實施《中國製造 2025》，設立國家新興產業創業投資引導基金、中小企業發展基金，擴大國家自主創新示範區。積極化解過剩產能，推進企業兼併重組。近三年淘汰落後煉鋼煉鐵產能 9000 多萬噸、水泥 2.3 億噸、平板玻璃 7600 多萬重量箱、電解鋁 100 多萬噸。促進生產性、生活性服務業加快發展。狠抓節能減排和環境保護，各項約束性指標超額完成。公佈自主減排行動目標，推動國際氣候變化談判取得積極成果。

〔延伸閱讀〕

特別提款權貨幣籃子

特別提款權貨幣籃子包含「特別提款權」和「一籃子貨幣」兩個經濟術語。特別提款權（Special Drawing Rights, 簡稱 SDR）由國際貨幣基金組織於 1969 年創造，是一種用於補充成員國官方儲備的國際儲備資產。一籃子貨幣（Basket of currencies）指作為設定匯率參考的一個各國貨幣組合，是由多種貨幣按一定比重所構成的一組貨幣，這個組合好比一個盛放各種貨幣的「籃子」，其中某一種貨幣在組合中所佔的比重通常以該貨幣在本國國際貿易中的重要性為基準。截至 2015 年 5 月 31 日，所有成員國共擁有 SDR 總額為 2041 億，其中美國擁有 421 億 SDR，英國擁有 107 億 SDR，日本擁有 156 億 SDR，中國擁有 95 億 SDR。

SDR 貨幣籃子每五年複審一次，以確保籃子中的貨幣是在國際交易中具有代表性的貨幣，並且確保貨幣構成如實反映所含貨幣在國際貿易和金融體系中的所佔權重。

四是着眼開拓發展空間，促進區域協調發展和新型城鎮化。繼續推動東、中、西、東北地區「四大板塊」協調發展，重點推進「一帶一路」建設、京津冀協同發展、長江經濟帶發展「三大戰略」，在基礎設施、產業佈局、生態環保等方面實施一批重大工程。制定實施促進西藏和四省藏區、新疆發展的政策措施。推進戶籍制度改革，出台居住證制度，加強城鎮基礎設施建設，新型城鎮化取得新成效。

五是緊扣增進民生福祉，推動社會事業改革發展。在財力緊張情況下，保障民生力度繼續加大。推出新的政策，重點解決高校畢業生和就業困難群體的就業創業問題。城鎮保障性安居工程住房基本建成 772 萬套，棚戶區住房改造開工 601 萬套，農村危房改造 432 萬戶，一大批住房困難家庭圓

了安居夢。加快改善貧困地區義務教育薄弱學校辦學條件，深化中小學教師職稱制度改革，重點高校招收貧困地區農村學生人數又增長 10.5%。全面推開縣級公立醫院綜合改革，拓展居民大病保險，建立重特大疾病醫療救助制度、困難殘疾人生活補貼和重度殘疾人護理補貼制度。提高低保、優撫、企業退休人員基本養老金等標準，推行機關事業單位養老保險制度改革並完善工資制度。加強基本公共文化服務建設。廣大人民群眾有了更多獲得感。

六是促進社會和諧穩定，推動依法行政和治理方式創新。 國務院提請全國人大常委會審議法律議案十一件，制定修訂行政法規八部。政務公開加快推進，推廣電子政務和網上辦事。建立重大政策落實督查問責機制，開展第三方評估。有效應對自然災害和突發事件。加強安全生產監管，事故總量和重特大事故、重點行業事故數量繼續下降。推進食品安全創建示範行動。強化社會治安綜合治理，依法打擊各類違法犯罪活動，有力維護了公共安全。

劉雲山調研「三嚴三實」專題教育

我們深入開展「三嚴三實」專題教育，鍥而不捨落實黨中央八項規定精神，堅決糾正「四風」，嚴格執行國務院「約法三章」。加強行政監察和審計監督。大力推進黨風廉政建設和反腐敗鬥爭，一批腐敗分子受到懲處。

王岐山調研推進全面從嚴治黨

習近平在紀念抗戰
勝利七十週年系列
活動上講話

中國紀念抗戰勝利
七十週年閱兵

我們隆重紀念中國人民抗日戰爭暨世界反法西斯戰爭勝利七十週年，集中宣示了我國作為世界反法西斯戰爭東方主戰場的歷史地位和重大貢獻，彰顯了中國人民同各國人民共護和平、共守正義的堅定信念！

一年來，全方位外交成果豐碩。習近平主席等國家領導人出訪多國，出席聯合國系列峰會、二十國集團領導人峰會、亞太經合組織領導人非正式會議、氣候變化大會、東亞合作領導人系列會議、世界經濟論壇等重大活動。成功舉

習近平 2015 大國
元首外交掠影

習近平在聯合國發
展峰會上發表重要
講話

行中非合作論壇峰會、中歐領導人會晤，啟動中拉論壇。同主要大國關係取得新進展，同周邊國家務實合作深入推進，同發展中國家友好合作不斷拓展，同聯合國等國際組織和國際機制的關係全面加強，經濟外交、人文交流卓有成效。中國作為負責任大國，在國際和地區事務中發揮了重要的建設性作用。

各位代表！

過去一年取得的成績，是以習近平同志為總書記的黨

習近平出席氣候變化巴黎大會 (漫畫：兔爺動漫)

中央統攬全局、科學決策的結果，是全黨全軍全國各族人民齊心協力、頑強拼搏的結果。我代表國務院，向全國各族人民，向各民主黨派、各人民團體和各界人士，表示誠摯感謝！向香港特別行政區同胞、澳門特別行政區同胞、台灣同胞和海外僑胞，表示誠摯感謝！向關心和支持中國現代化建設事業的各國政府、國際組織和各國朋友，表示誠摯感謝！

在充分肯定去年成績的同時，我們也清醒看到，我國發展中還存在不少困難和問題。受全球貿易萎縮等因素影響，去年我國進出口總額出現下降，預期增長目標未能實現。投資增長乏力，一些行業產能過剩嚴重，部分企業生產經營困難，地區和行業走勢分化，財政收支矛盾突出，資本市場基礎性制度還不完善，金融等領域存在風險隱患。人民群眾關

心的醫療、教育、養老、食品藥品安全、收入分配、城市管理等方面問題較多，環境污染形勢仍很嚴峻，嚴重霧霾天氣在一些地區時有發生。特別令人痛心的是，去年發生了「東方之星」號客輪翻沉事件和天津港特別重大火災爆炸等事故，人員傷亡和財產損失慘重，教訓極其深刻，必須認真汲取。政府工作還存在不足，有些改革和政

「東方之星」號客輪翻沉事件

策措施落實不到位，少數幹部不作為、不會為、亂作為，一些領域的不正之風和腐敗問題不容忽視。我們要進一步增強憂患意識和擔當意識，下更大力氣解決這些問題，始終以民之所望為施政所向，盡心竭力做好政府工作，決不辜負人民重託。

各位代表！

2015 年是「十二五」收官之年。過去五年，我國發展成就舉世矚目。黨的十八大以來，在以習近平同志為總書記的黨中央堅強領導下，面對錯綜複雜的國際環境和艱巨繁重的國內改革發展穩定任務，我們繼續堅持穩中求進工作總基調，深化改革開放，實施一系列利當前、惠長遠的重大舉措，「十二五」規劃確定的主要目標任務全面完成。**一是經濟持續較快發展。**國內生產總值年均增長

「十二五」期間中國經濟總量突破十萬億美元

「十二五」時期中國國內生產總值及其增速

「十二五」時期中國 GDP 增速與主要經濟體比較

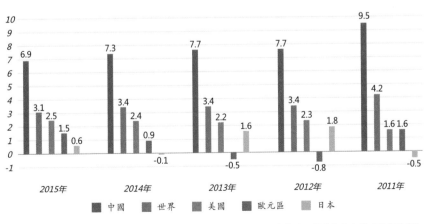

（中國數據來自國家統計局，其他數據來自國際貨幣基金組織WEO數據庫）

7.8%，經濟總量穩居世界第二位，成為全球第一貨物貿易大國和主要對外投資大國。**二是結構調整取得標誌性進展。**服務業成為第一大產業，工業化與信息化融合加深，農業綜合生產能力明顯增強。消費成為支撐經濟增長的主要力量。超過一半人口居住在城鎮。單位國內生產總值能耗下降18.2%，主要污染物排放量減少 12% 以上。**三是基礎設施水平全面躍升。**鐵路營業里程達到 12.1 萬公里，其中高速鐵路超過 1.9 萬公里，佔世界 60% 以上。高速公路通車里程超過 12 萬公里。南水北調東、中線工程通水。建成全球最大的第四代移動通信網絡。**四是科技創新實現重大突破。**量子通信、中微子振盪、高溫鐵基超導等基礎研究取得一批原創性成果，載人航天、探月工程、深海探測等項目達到世界先進水平。**五是人民生活水平顯著提高。**居民收入增長快於經濟增長，城鄉收入差距持續縮小。城鎮新增就業人數超過6400 萬人。城鎮保障性安居工程住房建設 4013 萬套，上億

中國「十二五」時期覆蓋城鄉的社會保障體系不斷健全

群眾喜遷新居。農村貧困人口減少一億多，解決三億多農村人口飲水安全問題。**六是社會發展成就斐然。**教育公平和質量明顯提升。基本醫療保險實現全覆蓋，基本養老保險參保率超過 80%。文化軟實力持續提升。依法治國全面推進。中國特色軍事變革成就顯著。經過五年努力，我國經濟實力、科技實力、國防實力、國際影響力又

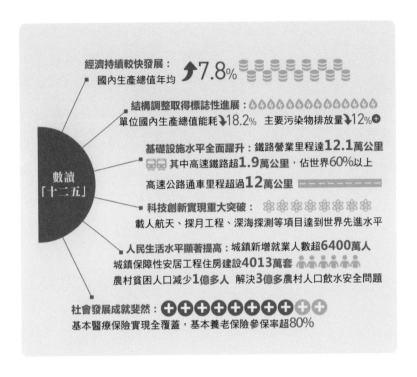

上了一個大台階。

　「十二五」時期的輝煌成就，充分顯示了中國特色社會主義的巨大優越性，集中展現了中國人民的無窮創造力，極大增強了中華民族的自信心和凝聚力，必將激勵全國各族人民在實現「兩個一百年」奮鬥目標的新征程上奮力前行！

「十三五」時期
主要目標任務
和重大舉措

二、「十三五」時期主要目標任務和重大舉措

　　根據《中共中央關於制定國民經濟和社會發展第十三個五年規劃的建議》，國務院編製了《國民經濟和社會發展第十三個五年規劃綱要（草案）》，提交大會審查。

　　《綱要草案》緊緊圍繞全面建成小康社會奮鬥目標，針對發展不平衡、不協調、不可持續等突出問題，強調要牢固樹立和貫徹落實創新、協調、綠色、開放、共享的發展理念，明確了今後五年經濟社會發展的主要目標任務，提出了一系列支撐發展的重大政策、重大工程和重大項目，突出了以下六個方面。

——**保持經濟中高速增長，推動產業邁向中高端水平**。實現全面建成小康社會目標，到 2020 年國內生產總值和城鄉居民人均收入比 2010 年翻一番，「十三五」時期經濟年均增長保持在 6.5% 以上。加快推進產業結構優化升級，實施一批技術水平高、帶動能力強的重大工程。到 2020 年，先進製造業、現代服務業、戰略性新興產業比重大幅提升，全員勞動生產率從人均 8.7 萬元提高到 12 萬元以上。屆時，我國經濟總量超過 90 萬億元，發展的質量和效益明顯提高。在我們這樣一個人口眾多的發展中國家，這將是非常了不起的成就。

——**強化創新引領作用，為發展注入強大動力**。創新是引領發展的第一動力，必須擺在國家發展全局的核心位置，深入實施創新驅動發展戰略。啟動一批新的國家重大科技項目，建設一批高水平的國家科學中心和技術創新中心，培育壯大一批有國際競爭力的創新型領軍企業，建設一批全面創新改革試驗區。持續推動大眾創業、萬眾創新。促進大數據、雲計算、物聯網廣泛應用。加快建設質量強國、製造強國、知識產權強國。到 2020 年，力爭在基礎研究、應用研究和戰略前沿領域取得重大突破，全社會研發經費投入強度達到 2.5%，科技進步對經濟增長的貢獻率達到 60%，邁進創新型國家和人才強國行列。

——**推進新型城鎮化和農業現代化，促進城鄉區域協**

調發展。縮小城鄉區域差距,既是調整經濟結構的重點,也是釋放發展潛力的關鍵。要深入推進以人為核心的新型城鎮化,實現一億左右農業轉移人口和其他常住人口在城鎮落戶,完成約一億人居住的棚戶區和城中村改造,引導約一億人在中西部地區就近城鎮化。到 2020 年,常住人口城鎮化率達到 60%、戶籍人口城鎮化率達到 45%。實施一批水利、農機、現代種業等工程,推動農業適度規模經營和區域化佈局、標準化生產、社會化服務。到 2020 年,糧食等主要農產品供給和質量安全得到更好保障,農業現代化水平明顯提高,新農村建設取得新成效。以區域發展總體戰略為基礎,以「三大戰略」為引領,形成沿海沿江沿線經濟帶為主的縱向橫向經濟軸帶,培育一批輻射帶動力強的城市群和增長極。加強重大基礎設施建設,高鐵營業里程達到三萬公里、覆蓋 80% 以上的大城市,新建改建高速公路通車里程約三萬公里,實現城鄉寬帶網絡全覆蓋。

　　——**推動形成綠色生產生活方式,加快改善生態環境。**堅持在發展中保護、在保護中發展,持續推進生態文明建設。深入實施大氣、水、土壤污染防治行動計劃,劃定生態空間保護紅線,推進山水林田湖生態工程,加強生態保護和修復。今後五年,單位國內生產總值用水量、能耗、二氧化碳排放量分別下降 23%、15%、18%,森林覆蓋率達到 23.04%,能源資源開發利用效率大幅提高,生態環境質量總

體改善。特別是治理大氣霧霾取得明顯進展，地級及以上城市空氣質量優良天數比率超過 80%。我們要持之以恆，建設天藍、地綠、水清的美麗中國。

——**深化改革開放，構建發展新體制**。發展根本上要靠改革開放。必須全面深化改革，堅持和完善基本經濟制度，建立現代產權制度，基本建成法治政府，使市場在資源配置中起決定性作用和更好發揮政府作用，加快形成引領經濟發

〔權威解讀〕

徐紹史（中國國家發展和改革委員會主任）

「十三五」規劃的特點和亮點

「十三五」規劃是在中國經濟社會發展當中一部具有特殊重大意義的規劃。因為「十三五」規劃的目標是全面建成小康社會，實現第一個一百年的目標，所以它的作用非常特殊。「十三五」規劃認真貫徹中國共產黨的十八屆五中全會通過的《建議》，深入貫徹落實發展新理念、引領經濟新常態。發展新理念和經濟新常態貫穿於整個規劃的各個領域、全部過程，同時發展新理念和經濟新常態又落實在各項重大政策舉措上。在這個前提下，我們根據中國經濟的實際出發，把供給側結構性改革作為貫徹落實發展新理念、引領經濟新常態的主線來處理。充分落實五大政策支柱，即「宏觀政策要穩，產業政策要準，微觀政策要活，改革政策要實，社會政策要托底」。規劃還特別強調了要完成供給側結構性改革的五大任務，就是「三去一降一補」：去產能、去庫存、去槓桿、降成本、補短板。規劃緊緊圍繞全面建成小康社會，科學設置了「十三五」發展目標。圍繞任務目標又確定了指標，這個指標主要有四大類：經濟發展、創新驅動、民生福祉和資源環境。這四大類 25 項指標中，約束性指標有 13 項。重大工程、重大項目，體現在規劃綱要的專欄當中，大概有 160 多項，涉及有科技創新、結構升級、基礎設施、生態環境、民生改善等五大方面的支撐。

展新常態的體制機制和發展方式。「一帶一路」建設取得重大進展，國際產能合作實現新的突破。對外貿易向優進優出轉變，服務貿易比重顯著提升，從貿易大國邁向貿易強國。全面實行准入前國民待遇加負面清單管理制度，逐步構建高標準自由貿易區網絡，基本形成開放型經濟新體制新格局。

——持續增進民生福祉，使全體人民共享發展成果。

堅持以人民為中心的發展思想，努力補齊基本民生保障的短板，朝着共同富裕方向穩步前進。堅決打贏脫貧攻堅戰，我國現行標準下的農村貧困人口實現脫貧，貧困縣全部摘帽，解決區域性整體貧困。建立國家基本公共服務項目清單。建

立健全更加公平更可持續的社會保障制度。實施義務教育學校標準化、普及高中階段教育、建設世界一流大學和一流學科等工程，勞動年齡人口平均受教育年限從 10.23 年提高到 10.8 年。實現城鎮新增就業 5000 萬人

習近平：扶貧工作是最艱巨的一項任務

以上。完善收入分配制度，縮小收入差距，提高中等收入人口比重。完善住房保障體系，城鎮棚戶區住房改造 2000 萬

名詞解釋

負面清單管理制度

負面清單管理制度，是指一國在引進外資的過程中，對某些與國民待遇不符的管理措施，以清單形式公開列明。在一些實行對外資最惠國待遇的國家，有關這方面的要求也以清單形式公開列明。這種管理制度的好處是讓外資企業可以對照這個清單實行自檢，對其中不符合要求的部分事先進行整改，從而提高外資進入的效率。

「十三五」主要目標任務

1 保持經濟中高速增長，推動產業邁向中高端水平

實現全面建成小康社會目標，到2020年國內生產總值和城鄉居民人均收入比2010年翻一番

「十三五」時期經濟年均增長保持在 **6.5%**

加快推進產業結構優化升級

全員勞動生產率從人均 **8.7萬元** 提高到 **12萬元**

經濟總量超過 **90萬億元**

2 強化創新引領作用，為發展注入強大動力

全社會研發經費投入強度達 **2.5%**

科技進步對經濟增長的貢獻率達 **60%**

3 推進新型城鎮化和農業現代化，促進城鄉區域協調發展

到2020年，常住人口城鎮化率達 **60%**

戶籍人口城鎮化率達 **45%**

高鐵營業里程達到 **3萬公里** 覆蓋 **80%** 以上的大城市

新建改建高速公路通車里程約3萬公里

4 推動形成綠色生產生活方式，加快改善生態環境

單位國內生產總值用水量 **↓23%**　能耗 **↓15%**　二氧化碳排放量 **↓18%**

森林覆蓋率達 **23.04%**

地級及以上城市空氣質量優良天數比率超 **80%**

5 深化改革開放，構建發展新體制

6 持續增進民生福祉，使全體人民共享發展成果

勞動年齡人口平均受教育年限從10.23年提高到 **10.8年**

實現城鎮新增就業 **5000萬人以上**

城鎮棚戶區住房改造 **2000萬套**

推進健康中國建設人均預期壽命提高 **1歲**

33

套。推進健康中國建設，人均預期壽命提高一歲。積極應對人口老齡化。構建現代公共文化服務體系，實施公民道德建設、中華文化傳承等工程。我們既要讓人民的物質生活更殷實，又要讓人民的精神生活更豐富。

做好「十三五」時期經濟社會發展工作，實現全面建成小康社會目標，必須着力把握好三點。**一是牢牢抓住發展第一要務不放鬆。**發展是硬道理，是解決我國所有問題的關鍵。今後五年是跨越「中等收入陷阱」的重要階段，各種矛盾和風險明顯增多。發展如逆水行舟，不進則退。必須毫不動搖堅持以經濟建設為中心，推動科學發展，妥善應對風險挑戰，使中國經濟這艘巨輪破浪遠航。**二是大力推進結構性改革。**當前發展中總量問題與結構性問題並存，結構性問題更加突出，要用改革的辦法推進結構調整。在適度擴大總需求的同時，突出抓好供給側結構性改革，既做減法，又做加法，減少無效和低端供給，擴大有效和中高端供給，增加公共產品和公共服務供給，使供給和需求協同促進經濟發展，

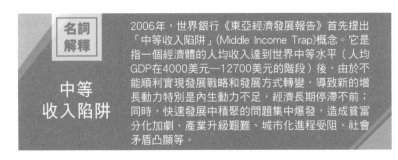

名詞解釋

中等收入陷阱

2006年，世界銀行《東亞經濟發展報告》首先提出「中等收入陷阱」(Middle Income Trap)概念。它是指一個經濟體的人均收入達到世界中等水平（人均GDP在4000美元—12700美元的階段）後，由於不能順利實現發展戰略和發展方式轉變，導致新的增長動力特別是內生動力不足，經濟長期停滯不前；同時，快速發展中積聚的問題集中爆發，造成貧富分化加劇、產業升級艱難、城市化進程受阻、社會矛盾凸顯等。

提高全要素生產率，不斷解放和發展社會生產力。**三是加快新舊發展動能接續轉換。**經濟發展必然會有新舊動能迭代更替的過程，當傳統動能由強變弱時，需要新動能異軍突起和傳統動能轉型，形成新的「雙引擎」，才能推動經濟持續增長、躍上新台階。當前我國發展正處於這樣一個關鍵時期，必須培育壯大新動能，加快發展新經濟。要推動新技術、新產業、新業態加快成長，以體制機制創新促進分享經濟發展，建設共享平台，做大高技術產業、現代服務業等新興產業集群，打造動力強勁的新引擎。運用信

李克強：發展「新經濟」要培育新動能

牢牢抓住**發展第一要務**不放鬆

大力推進**結構性改革**

加快**新舊發展動能接續轉換**

「十三五」時期必須着力把握好三點

名詞解釋

全要素生產率

全要素生產率（TFP，也稱總和要素生產率）是指生產活動在一定時間內的效率，是衡量單位總投入的總產量的生產率指標，即總產量與全部要素投入量之比。全要素生產率的增長率常常被視為科技進步的指標，它的來源包括技術進步、組織創新、專業化和生產創新等。產出增長率超出要素投入增長率的部分為全要素生產率增長率。

息網絡等現代技術，推動生產、管理和營銷模式變革，重塑產業鏈、供應鏈、價值鏈，改造提升傳統動能，使之煥發新的生機與活力。

從根本上說，發展的不竭力量蘊藏在人民群眾之中。九億多勞動力、一億多受過高等教育和有專業技能的人才，是我們最大的資源和優勢。實現新舊動能轉換，推動發展轉向更多依靠人力人才資源和創新，既是一個伴隨陣痛的調整過程，也是一個充滿希望的升級過程。只要闖過這個關口，中國經濟就一定能夠浴火重生、再創輝煌。

展望今後五年，我們充滿必勝信心。如期實現全面建成小康社會目標，人民生活將會更加美好，中國特色社會主義事業前景一定會更加光明！

〔延伸閱讀〕

分享經濟（Sharing Economy），也稱點對點經濟(Peer to peer economy)、協作經濟、協同消費等，是一個建立在人與物質資料分享基礎上的社會經濟生態系統。分享經濟包括不同人或組織之間對生產資料、產品、分銷渠道、處於交易或消費過程中的商品和服務的分享。這個系統有多種形態，一般需要使用信息技術賦予個人、法人、非營利性組織以冗餘物品或服務分享、分配和再使用的信息。一個通常的前提是，當物品的信息被分享了，這個物品對個人或組織的商業價值將會提升。便利、參與感和信任是推動分享經濟發展的主要原因。

「互聯網＋」時代，分享經濟成為新潮流，消費者基於眾享理念的應用和參與，給很多行業發展帶來新的挑戰。未來會有越來越多的行業以分享經濟為契機在市場當中掀起眾享潮流，分享經濟時代對行業的變革已經來臨。

3

2016年
重點工作

 總體要求

 主要預期目標

 重點工作

三、2016 年重點工作

今年是全面建成小康社會決勝階段的開局之年，也是推進結構性改革的攻堅之年。做好政府工作，必須高舉中國特色社會主義偉大旗幟，全面貫徹黨的十八大和十八屆三中、四中、五中全會精神，以鄧小平理論、「三個代表」重要思想、科學發展觀為指導，深入貫徹習近平總書記系列重要講話精神，按照「五位一體」總體佈局和「四個全面」戰略佈局，堅持改革開放，堅持以新發展理念引領發展，堅持穩中求進工作總基調，適應經濟發展新常態，實行宏觀政策要穩、產業政策要準、微觀政策要活、改革政策要實、社會

習近平談新發展理念

產業政策要準

宏觀政策要穩

微觀政策要活

總體思路：五大政策

改革政策要實

社會政策要托底

政策要托底的總體思路，把握好穩增長與調結構的平衡，保持經濟運行在合理區間，着力加強供給側結構性改革，加快培育新的發展動能，改造提升傳統比較優勢，抓好去產能、去庫存、去槓桿、降成本、補短板，加強民生保障，切實防控風險，努力實現「十三五」時期經濟社會發展良好開局。

今年發展的主要預期目標是：國內生產總值增長6.5%—7%，居民消費價格漲幅3%左右，城鎮新增就業

〔延伸閱讀〕

五大任務：去產能、去庫存、去槓桿、降成本、補短板

去產能指為了解決產品供過於求而引起產品惡性競爭的不利局面，尋求對生產設備及產品進行轉型和升級的方法。

去庫存分狹義去庫存和廣義去庫存。狹義去庫存指降低產品庫存水平，譬如企業降低原材料庫存。廣義去庫存即消化過剩產能的過程不會很快結束，投資過度和消費不足，使得消化過剩產能要比狹義的去庫存更長期、更痛苦。

去槓桿是指公司或個人減少使用金融槓桿的過程，即把原先通過各種方式（或工具）「借」到的錢退還出去的做法。

降成本指在日常工作中將成本降低，通過技術、提高效率、減少人員投入、降低人員工資、提高設備性能或批量生產等方法，將成本降低。

補短板就是築牢發展根基，清除發展障礙，持續擴大有效供給，補齊發展中不足。在推進城鎮化、產業改造升級、增加公共產品和公共服務等方面，需有針對性地加大對落後領域的支持和投入，提高供給的質量和效益、適應性和靈活度，科學矯正各項資源要素配置。一是補齊民生保障短板，二是補齊產業發展短板，三是補齊基礎設施短板，四是補齊人力資本短板，五是補齊三農短板。

1000 萬人以上，城鎮登記失業率 4.5% 以內，進出口回穩向好，國際收支基本平衡，居民收入增長和經濟增長基本同步。單位國內生產總值能耗下降 3.4% 以上，主要污染物排放繼續減少。

　　經濟增長預期目標 6.5%—7%，考慮了與全面建成小康社會目標相銜接，考慮了推進結構性改革的需要，也有利於穩定和引導市場預期。穩增長主要是為了保就業、惠民生，有 6.5%—7% 的增速就能夠實現比較充分的就業。

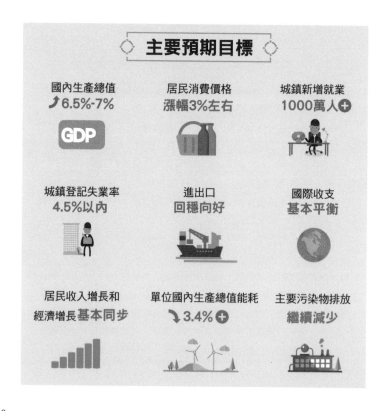

〔權威解讀〕

徐紹史（中國國家發展和改革委員會主任）

如何看待 2016 年經濟增長預期目標 6.5%—7%

政府工作報告中公佈了 2016 年 GDP 增長的預期目標，也就是 6.5%—7% 的區間。採用區間這種方式，體現了創新宏觀調控、把握區間調控的新思路。可主要從以下兩個方面來考慮：一個是區間的下限。今年是中國「十三五」規劃的第一年，也是 2020 年實現全面建成小康社會的關鍵之年，而從 2020 年全面建成小康社會 GDP 要翻一番的目標來看，「十三五」期間我們平均增長速度一定要在 6.5% 以上，才能夠達到這個目標。如果低於 6.5% 的話，今後幾年的壓力就會更大。所以，如果在 6.5% 以上，就可以爭取主動。前兩年區間調控時也講過這個考慮，底板是就業，頂板是物價；底板還有一層含義就是經濟增長速度，所以設了這樣一個下限。另一個是上限。主要是體現了積極主動的導向，要向社會、向市場傳遞一個信心，如果比 6.5% 要高一些，就可以帶動更多的就業。去年是 6.9%，今年設 7% 的上限，應該說和 6.9% 的增速也是非常接近的，它也是比較切合實際的一個上限。總體上看，2016 年經濟增長預期目標設定為 6.5%—7%，有利於穩定預期，堅定信心，同時擴大了可接受的經濟增速彈性範圍，與我們國家的經濟增長潛力也是相吻合的。

綜合分析各方面情況，今年我國發展面臨的困難更多更大、挑戰更為嚴峻，我們要做打硬仗的充分準備。從國際看，世界經濟深度調整、復甦乏力，國際貿易增長低迷，金融和大宗商品市場波動不定，地緣政治風險上升，外部環境的不穩定不確定因素增加，對我國發展的影響不可低估。從國內看，長期積累的矛盾和風險進一步顯現，經濟增速換擋、結構調整陣痛、新舊動能轉換相互交織，經濟下行壓力

加大。但困難和挑戰並不可怕。中國的發展從來都是在應對挑戰中前進的，沒有過不去的坎。經過多年的快速發展，我國物質基礎雄厚，經濟韌性強、潛力足、回旋餘地大，改革開放不斷注入新動力，創新宏觀調控積累了豐富經驗。特別是我們有中國共產黨的堅強領導和中國特色社會主義制度，中國人民勤勞智慧。只要我們萬眾一心，共克時艱，就一定能夠實現全年經濟社會發展目標。

今年要重點做好八個方面工作。

（一）穩定和完善宏觀經濟政策，保持經濟運行在合理區間。 我們宏觀調控還有創新手段和政策儲備，既要立足當前、有針對性地出招，頂住經濟下行壓力，又要着眼長遠、留有後手、謀勢蓄勢。繼續實施積極的財政政策和穩健的貨幣政策，創新宏觀調控方式，加強區間調控、定向調控、相機調控，統籌運用財政、貨幣政策和產業、投資、價格等政策工具，採取結構性改革尤其是供給側結構性改革舉措，為經濟發展營造良好環境。

積極的財政政策要加大力度。 今年擬安排財政赤字 2.18 萬億元，比去年增加 5600 億元，赤字率提高到 3%。其中，中央財政赤字 1.4 萬億元，地方財政赤字 7800 億元。安排地方專項債券 4000 億元，繼續發行地方政府置換債券。我國財政赤字率和政府負債率在世界主要經濟體中相對較低，這樣的安排是必要的、可行的，也是安全的。

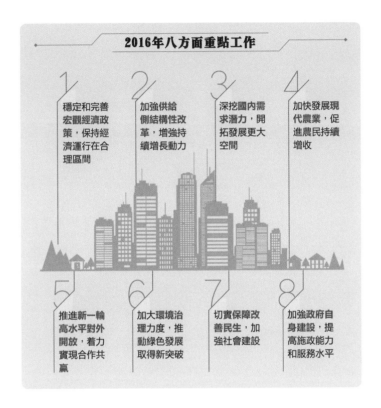

適度擴大財政赤字，主要用於減稅降費，進一步減輕企業負擔。今年將採取三項舉措。一是全面實施營改增，從5月1日起，將試點範圍擴大到建築業、房地產業、金融業、生活服務業，並將所有企業新增不動產所含增值稅納入抵扣範圍，確保所有行業稅負只減不增。二是取消違規設立的政府性基金，停徵和歸併一批政府性基金，擴大水利建設基金等免徵範圍。三是將18項行政事業性收費的免徵範圍，從小微企業擴大到所有企業和個人。實施上述政策，今年將比

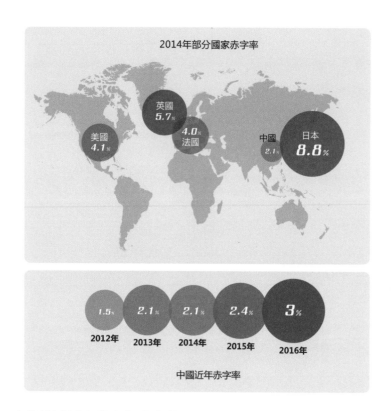

改革前減輕企業和個人負擔五千多億元。同時，適當增加必
要的財政支出和政府投資，加大對民生等薄弱環節的支持。
創新財政支出方式，優化財政支出結構，該保的一定要保
住，該減的一定要減下來。

　　加快財稅體制改革。推進中央與地方事權和支出責任
劃分改革，合理確定增值稅中央和地方分享比例。把適合作
為地方收入的稅種下劃給地方，在稅政管理權限方面給地方
適當放權。進一步壓縮中央專項轉移支付規模，今年一般性

轉移支付規模增長 12.2%。全面推開資源稅從價計徵改革。依法實施稅收徵管。建立規範的地方政府舉債融資機制，對財政實力強、債務風險較低的，按法定程序適當增加債務限額。各級政府要堅持過緊日子，把每一筆錢都花在明處、用在實處。

穩健的貨幣政策要靈活適度。今年廣義貨幣 M_2 預期增長 13% 左右，社會融資規模餘額增長 13% 左右。要統籌運

〔權威解讀〕

樓繼偉（中國財政部部長）

如何看待 2016 年財政赤字率提高到 3%

今年的赤字率為 3%，比去年實際的赤字率提高 0.6 個百分點，去年赤字率是 2.4%。今年中央和地方赤字合計是 2.18 萬億。提高赤字率是符合去年中央經濟工作會議提出的要求的。中國經濟現在面臨新常態，新常態各方面矛盾都在凸顯，包括長期積累的一些矛盾需要解決。這種情況之下，我們的預算是按照中央確定的方針來做的，適當提高赤字率，來支撐經濟實現一個中高速增長，同時着力進行結構性改革，這是一個總的調子。

加了 0.6% 的赤字率，主要做些什麼事情？首先要保證一些重點的支出。保重點支出，就要優化支出結構，按照可持續、保基本的原則，安排好民生支出，嚴格控制例如「三公」經費的增長，甚至要壓減，讓更多的支出保證基本公共服務和重點民生支出。二是相應地提高均衡性轉移支付的支出，均衡性轉移支付是由地方自主安排的。在目前情況下，安排給地方更多的自主可支配的財力，是有利於應對複雜多變的經濟情況的。三是按照脫貧目標增加了扶貧方面的支出、老少邊窮地區的轉移支付。四是中央基建支出，今年安排了五千億，集中用於屬於中央事權的、跨域的、公益性比較強的、重大的一些基建支出項目上去。五是安排一千億專項獎補資金，支持去產能過程中人員安置方面的支出。

用公開市場操作、利率、準備金率、再貸款等各類貨幣政策工具，保持流動性合理充裕，疏通傳導機制，降低融資成本，加強對實體經濟特別是小微企業、「三農」等支持。

深化金融體制改革。加快改革完善現代金融監管體制，提高金融服務實體經濟效率，實現金融風險監管全覆蓋。深化利率市場化改革。繼續完善人民幣匯率市場化形成機制，保持人民幣匯率在合理均衡水平上基本穩定。深化國有商業

銀行和開發性、政策性金融機構改革，發展民營銀行，啟動投貸聯動試點。推進股票、債券市場改革和法治化建設，促進多層次資本市場健康發展，提高直接融資比重。適時

李克強：金融機構
絕不能脫實向虛

啟動「深港通」。建立巨災保險制度。規範發展互聯網金融。大力發展普惠金融和綠色金融。加強全口徑外債宏觀審慎管理。紮緊制度籠子，整頓規範金融秩序，嚴厲打擊金融詐騙、非法集資和證券期貨領域的違法犯罪活動，堅決守住不發生系統性區域性風險的底線。

名詞
解釋

綠色金融指金融部門把環境保護作為一項基本政策，在投融資決策中考慮潛在的環境影響，把與環境條件相關的潛在的回報、風險和成本都融合進銀行的日常業務中，在金融經營活動中注重對生態環境的保護以及環境污染的治理，通過對社會經濟資源的引導，促進社會的可持續發展。

（二）加強供給側結構性改革，增強持續增長動力。圍繞解決重點領域的突出矛盾和問題，加快破除體制機制障礙，以供給側結構性改革提高供給體系的質量和效率，進一步激發市場活力和社會創造力。

習近平主持研究部署供給側結構性改革等工作

推動簡政放權、放管結合、優化服務改革向縱深發展。以敬民之心，行簡政之道，切實轉變政府職能、提高效能。繼續大力削減行政審批事項，注重解決放權不同步、不協調、不到位問題，對下放的審批事項，要讓地方能接得住、管得好。深化商事制度改革，開展證照分離試點。全面公佈地方政府權力和責任清單，在部分地區試行市場准入負面清單制度。對行政事業性收費、政府定價或指導價經營服務性收費、政府性基金、國家職業資格，實行目錄清單管理。加快建設統一開放、競爭有序的市場體系，打破地方保護。深化價格改革，加強價格監管。修改和廢止有礙發展的行政法規和規範性文件。創新事中事後監管方式，全面推行「雙隨機、一公開」監管，隨機抽取檢查對象，隨機選派執法檢查人員，及時公佈查處結果。推進綜合行政執法改革，實施企業信用信息統一歸集、依法公示、聯合懲戒、社會監督。大力推行「互聯網＋政務服務」，實現部門間數據共享，讓居民和企業少跑腿、好辦事、不添堵。簡除

李克強：用減政府權力的「痛」換企業、群眾辦事的「爽」

煩苛，禁察非法，使人民群眾有更平等的機會和更大的創造空間。

充分釋放全社會創業創新潛能。着力實施創新驅動發展戰略，促進科技與經濟深度融合，提高實體經濟的整體素質和競爭力。一是強化企業創新主體地位。落實企業研發費用加計扣除和加速折舊政策，完善高新技術企業、科技企業孵化器等稅收優惠政策。支持行業領軍企業建設高水平研發機構。加快將國家自主創新示範區試點政策推廣到全國，再建設一批國家自主創新示範區、高新區。二是發揮大眾創業、萬眾創新和「互聯網＋」集眾智匯眾力的乘數效應。打造眾創、眾包、眾扶、眾籌平台，構建大中小企業、高校、科研機構、創客多方協同的新型創業創新機制。建設一批「雙創」示範基地，培育創業創新服務業，規範發展天使、創

名詞解釋

簡除煩苛禁察非法

引自《後漢書·循吏列傳》：「寵簡除煩苛，禁察非法，郡中大化。」其大意是：東漢大臣劉寵任會稽太守時，除去那些煩瑣的規章制度，禁止部屬擾民等不法行為，使得郡中秩序井然，百姓安居樂業。

名詞解釋

天使投資

天使投資（Angel Investment）是權益資本投資的一種形式，指富有的個人出資協助具有專門技術或獨特概念的原創項目或小型初創企業，進行一次性的前期投資。天使投資是風險投資的一種形式，根據天使投資人的投資數量以及對被投資企業可能提供的綜合資源進行投資。

簡除煩苛，禁察非法，使人民群眾有更平等的機會和更大的創造空間

(漫畫：中國日報美術部)

業、產業等投資。支持分享經濟發展，提高資源利用效率，讓更多人參與進來、富裕起來。實施更積極、更開放、更有效的人才引進政策。加強知識產權保護和運用，依法嚴厲打

〔延伸閱讀〕

眾創、眾包、眾扶、眾籌

眾創，匯眾智搞創新，通過創業創新服務平台聚集全社會各類創新資源，大幅降低創業創新成本，使每一個具有科學思維和創新能力的人都可參與創新，形成大眾創造、釋放眾智的新局面。

眾包，匯眾力增就業，借助互聯網等手段，將傳統由特定企業和機構完成的任務向自願參與的所有企業和個人進行分工，最大限度利用大眾力量，以更高的效率、更低的成本滿足生產及生活服務需求，促進生產方式變革，開拓集智創新、便捷創業、靈活就業的新途徑。

眾扶，匯眾能助創業，通過政府和公益機構支持、企業幫扶援助、個人互助互扶等多種方式，共助小微企業和創業者成長，構建創業創新發展的良好生態。

眾籌，匯眾資促發展，通過互聯網平台向社會募集資金，更靈活高效滿足產品開發、企業成長和個人創業的融資需求，有效增加傳統金融體系服務小微企業和創業者的新功能，拓展創業創新投融資新渠道。

「眾創、眾包、眾扶、眾籌」有效拓展了創業創新與市場資源、社會需求的對接通道，搭建了多方參與的高效協同機制，豐富了創業創新組織形態，優化了勞動、信息、知識、技術、管理、資本等資源的配置方式，為社會大眾廣泛平等參與創業創新、共同分享改革紅利和發展成果提供了更多元的途徑和更廣闊的空間。

擊侵犯知識產權和製假售假行為。三是深化科技管理體制改革。擴大高校和科研院所自主權，砍掉科研管理中的繁文縟節。實施支持科技成果轉移轉化的政策措施，完善股權期權稅收優惠政策和分紅獎勵辦法，鼓勵科研人員創業創新。大力弘揚創新文化，厚植創新沃土，營造敢為人先、寬容失敗的良好氛圍，充分激發企業家精神，調動全社會創業創新積極性，彙聚成推動發展的磅礴力量。

着力化解過剩產能和降本增效。重點抓好鋼鐵、煤炭等困難行業去產能，堅持市場倒逼、企業主體、地方組織、中央支持，運用經濟、法律、技術、環保、質量、安全等手段，嚴格控制新增產能，堅決淘汰落後產能，有序退出過剩產能。採取兼併重組、債務重組或破產清算等措施，積極穩妥處置「僵屍企業」。完善財政、金融等支持政策，中央財

名詞解釋	「僵屍企業」，是指已停產、半停產、連年虧損、資不抵債，主要靠政府補貼和銀行續貸維持經營的企業。中國國家發展和改革委員會與中國工業和信息化部正聯合制定處置「僵屍企業」的實施方案，總的思路是：按照企業主體、政府推動、市場引導、依法處置的原則，更加注重運用市場機制、經濟手段、法治辦法，通過兼併重組、債務重組乃至破產清算，積極穩妥推動「僵屍企業」退出。
僵屍企業	

政安排一千億元專項獎補資金，重點用於職工分流安置。採取綜合措施，降低企業交易、物流、財務、用能等成本，堅決遏制涉企亂收費，對違規行為要嚴肅查處。

努力改善產品和服務供給。突出抓好三個方面。一是提升消費品品質。加快質量安全標準與國際標準接軌，建立商品質量懲罰性賠償制度。鼓勵企業開展個性化定製、柔性化生產，培育精益求精的工匠精神，增品種、提品質、

大國工匠：軍中繡娘潘玉華

〔權威解讀〕

萬鋼（中國科技部部長）

「德國製造」與工匠精神

我在德國學習 5 年，工作 10 年，回來已經 16 年了，但是有很多事情還是歷歷在目。工匠精神實際上是一種敬業精神，就是對每個人所從事的工作鍥而不捨，對質量的要求不斷提升，在每一個工作崗位上的每一件事都不能放鬆。工匠精神的培育，第一是教育的結果，德國哪怕一個商店的售貨員也要進行系統的教育，包括包盒子、做禮品等等，都有一個系統的教育。所以從教育抓起，抓職業教育，對於培養我們專業性人才的工匠精神十分重要。第二就是精神，這種精神產生於文化。德國在第一次世界大戰以後，粗製濫

造，知識產權保護也有很大的問題，上世紀初，德國製造的商品，英國人強制性地讓打上原產地，德國對此進行反思，逐漸對每一件事情都認真要求，形成了工匠精神，使產品質量越來越好，得到大家的認同。在當今這個創新時代，我們也要加強基礎教育，加強職業教育，使更多產業一線的工人能夠得到更系統的教育，使質量為上的要求變成企業發展的文化，使每個人都把產品的質量和創新作為自身的需求、自身的文化的組成部分。

　　另外，創新也是工匠精神的一種延伸。小到對每一個工作環節的高質高效的創造，大到一個新的產品，一種新的技術的開發，也是工匠精神。因為只有你對每一個細節、每一個環節都瞭解，才能夠提升它、改進它，這也是保證產品不斷精益求精。我們一直說創造品牌，要有品牌文化，要有工匠精神，使它做得更精美、更好用、更優質，另外要有創新的精神，使它能夠更符合市場需求，特別是潛在的需求。所以工匠精神和創新精神兩者是相互聯繫的，它最大的目的就是要提高產品的質量和效益，使每一個人都滿意，都喜愛，這樣的話品牌才能建立起來。

創品牌。二是促進製造業升級。深入推進「中國製造＋互聯網」，建設若干國家級製造業創新平台，實施一批智能製造示範項目，啟動工業強基、綠色製造、高端裝備等重大工程，組織實施重大技術改造升級工程。三是加快現代服務業發展。啟動新一輪國家服務業綜合改革試點，實施高技術服務業創新工程，大力發展數字創意產業。放寬市場准入，提高生產性服務業專業化、生活性服務業精細化水平。建設一批光網城市，推進五萬個行政村通光纖，讓更多城鄉居民享受數字化生活。

　　大力推進國有企業改革。今明兩年，要以改革促發展，堅決打好國有企業提質增效攻堅戰。推動國有企業特別是

> **名詞解釋**
>
> **光網城市**
>
> 光網指用光纖傳輸的網絡。為提高帶寬，近年來，固網運營商紛紛用「寬帶＋光纖」逐漸替代「窄帶＋銅纜」。但光網城市並非簡單的城市光纖改造，其重點是引入物聯網和雲計算技術，打造綜合能力平台，整合智能傳輸管道，為用戶帶來眾多、嶄新的數字化應用，在光網城市建設中，將加快推進城市系統中個人、物和組織之間的物聯化和互聯化，利用高速寬帶網絡推進「互聯網＋」戰略落地，真正實現響應政府、惠及民生、服務企業，強力支撐個人、家庭、城市及整個國家的信息化。

中央企業結構調整，創新發展一批，重組整合一批，清理退出一批。推進股權多元化改革，開展落實企業董事會職權、市場化選聘經營者、職業經理人制度、混合所有制、員工持股等試點。深化企業用人制度改革，探索建立與市場化選任方式相適應的高層次人才和企業經營管理者薪酬制度。加快改組組建國有資本投資、運營公司。以管資本為主推進國有資產監管機構職能轉變，防止國有資產流失，實現國有資產保值增值。賦予地方更多國有企業改革自主權。加快剝離國有企業辦社會職能，解決歷史遺留問題，讓國有企業瘦身健體，增強核心競爭力。

更好激發非公有制經濟活力。大幅放寬電力、電信、交通、石油、天然氣、市政公用等領域市場准入，消除各種隱性壁壘，鼓勵民營企業擴大投資、參與國有企業改革。在項目核准、融資服務、財稅政策、土地使

習近平：激發非公有制經濟活力和創造力

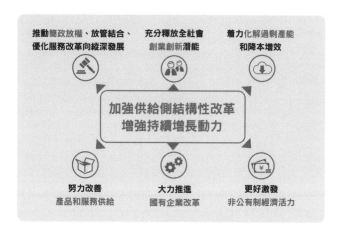

用等方面一視同仁。依法平等保護各種所有制經濟產權，嚴
肅查處侵犯非公有制企業及非公有制經濟人士合法權益的行
為，營造公平、公正、透明、穩定的法治環境，構建新型政

〔延伸閱讀〕

新型政商關係：「親」與「清」

　　2016 年 3 月 4 日，習近平在看望參加全國政協十二屆四次會議的民
建、工商聯委員時指出，新型政商關係，概括起來說就是「親」「清」兩個
字。對領導幹部而言，所謂「親」，就是要坦蕩真誠同民營企業接觸交往，
特別是在民營企業遇到困難和問題情況下更要積極作為、靠前服務，對非公
有制經濟人士多關注、多談心、多引導，幫助解決實際困難。所謂「清」，
就是同民營企業家的關係要清白、純潔，不能有貪心私心，不能以權謀私，
不能搞權錢交易。對民營企業家而言，所謂「親」，就是積極主動同各級黨
委和政府及部門多溝通多交流，講真話，說實情，建諍言，滿腔熱情支持地
方發展。所謂「清」，就是要潔身自好、走正道，做到遵紀守法辦企業、光
明正大搞經營。

商關係，促進各類企業各展其長、共同發展。

（三）**深挖國內需求潛力，開拓發展更大空間。**適度擴大需求總量，積極調整改革需求結構，促進供給需求有效對接、投資消費有機結合、城鄉區域協調發展，形成對經濟發展穩定而持久的內需支撐。

增強消費拉動經濟增長的基礎作用。適應消費升級趨勢，破除政策障礙，優化消費環境，維護消費者權益。支持發展養老、健康、家政、教育培訓、文化體育等服務消費。壯大網絡信息、智能家居、個性時尚等新興消費。促進線上線下協調互動、平等競爭，推動實體商業創新轉型。完善物流配送網絡，促進快遞業健康發展。活躍二手車市場，大力發展和推廣以電動汽車為主的新能源汽車，加快建設城市停車場和充電設施。在全國開展消費金融公司試點，鼓勵金融機構創新消費信貸產品。降低部分消費品進口關稅，增設免稅店。落實帶薪休假制度，加強旅遊交通、景區景點、自駕車營地等設施建設，規範旅遊市場秩序，迎接正在興起的大眾旅遊時代。

發揮有效投資對穩增長調結構的關鍵作用。我國基礎設施和民生領域有許多短板，產業亟需改造升級，有效投資仍有很大空間。今年要啟動一批「十三五」規劃重大項目。完成鐵路投資 8000 億元以上、公路投資 1.65 萬億元，再開工20 項重大水利工程，建設水電核電、特高壓輸電、智能電

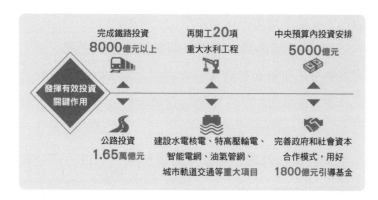

網、油氣管網、城市軌道交通等重大項目。中央預算內投資安排 5000 億元。深化投融資體制改革，繼續以市場化方式籌集專項建設基金，推動地方融資平台轉型改制進行市場化融資，探索基礎設施等資產證券化，擴大債券融資規模。完善政府和社會資本合作模式，用好 1800 億元引導基金，依法嚴格履行合同，充分激發社會資本參與熱情。

深入推進新型城鎮化。 城鎮化是現代化的必由之路，是我國最大的內需潛力和發展動能所在。今年重點抓好三項

工作。一是加快農業轉移人口市民化。深化戶籍制度改革，放寬城鎮落戶條件，建立健全「人地錢」掛鉤政策。擴大新型城鎮化綜合試點範圍。居住證具有很高的含金量，要加快覆蓋未落戶的城鎮常住人口，使他們依法享有居住地義務教育、就業、醫療等基本公共服務。發展中西部地區中小城市和小城鎮，容納更多的農民工就近就業創業，讓他們掙錢顧

〔延伸閱讀〕

　　「人地錢」掛鉤政策是指以城鄉統籌發展為前提，以解決用地矛盾為目的，依據本行政區域社會經濟發展規劃、土地利用總體規劃和城鄉建設規劃，遵循人口城鎮化與土地城鎮化的規律，實行城鎮建設用地增加規模與吸納農村人口進入城市定居規模相掛鉤、城市化地區建設用地增加規模與吸納外來人口進入城市定居規模相掛鉤，通過土地綜合整治有序推進城鄉之間、地區之間土地和資金等要素流轉和市場配置，實現城鄉建設用地和耕地的動態平衡，有效破解城鎮化過程中的「人、地、錢」矛盾，促進城鄉一體化發展進步的社會經濟活動的政策措施。

　　「人地錢」掛鉤政策可以簡單概括為「人往城轉、地隨人走、錢從地出」。人往城轉，主要包括從農村到城鎮定居和農民集中到新農村定居兩種形式，進入新農村的人口，只有享受城鎮市民同等待遇才視為人往城轉；地隨人走，主要指隨着人口轉移，土地的功能也隨之轉移，城鎮依據進城人口，按照人均建設用地標準相應增加用地規模，土地供應後方可認定地隨人來；農民進城後，相應減少農村集體建設用地規模，節餘的建設用地指標轉移到城鎮使用，才可認定地隨人走；錢從地出，主要通過整合涉農資金，整鄉或多村聯合開展土地綜合整治，從農村節餘建設用地指標交易和農村土地、房屋產權抵押貸款中獲取資金，其實質仍是「取之於土、用之於土」。「人往城轉、地隨人走、錢從地出」是蘊含在人地掛鉤政策之中的本質和核心。

家兩不誤。二是推進城鎮保障性安居工程建設和房地產市場健康發展。今年棚戶區住房改造 600 萬套，提高棚改貨幣化安置比例。完善支持居民住房合理消費的稅收、信貸政策，適應住房剛性需求和改善性需求，因城施策化解房地產庫存，促進房地產市場平穩運行。建立租購並舉的住房制度，把符合條件的外來人口逐步納入公租房供應範圍。三是加強城市規劃建設管理。增強城市規劃的科學性、前瞻性、權威性、公開性，促進「多規合一」。開工建設城市地下綜合管廊 2000 公里以上。積極推廣綠色建築和建材，大力發展

「天河一號」助力
「智慧城市」建設

鋼結構和裝配式建築，加快標準化建設，提高建築技術水平和工程質量。推進城市管理體制創新，打造智慧城市，完善公共交通網絡，治理交通擁堵等突出問題，改善人居環境，使人民群眾生活得更安心、更省心、更舒心。

優化區域發展格局。深入推進「一帶一路」建設，落實京津冀協同發展規劃綱要，加快長江經濟帶發展。制定實施

名詞
解釋

智慧城市

智慧城市就是運用信息和通信技術手段感測、分析、整合城市運行核心系統的各項關鍵信息，從而對包括民生、環保、公共安全、城市服務、工商業活動在內的各種需求做出智能響應。其實質是利用先進的信息技術，實現城市智慧式管理和運行，進而為城市中的人創造更美好的生活，促進城市的和諧、可持續成長。

西部大開發「十三五」規劃，實施新一輪東北地區等老工業基地振興戰略，出台促進中部地區崛起新十年規劃，支持東部地區在體制創新、陸海統籌等方面率先突破。促進資源型地區經濟轉型升級。支持革命老區、民族地區、邊疆地區、貧困地區發展。制定和實施國家海洋戰略，維護國家海洋權益，保護海洋生態環境，拓展藍色經濟空間，建設海洋強國。

（四）加快發展現代農業，促進農民持續增收。繼續毫不放鬆抓好「三農」工作，完善強農惠農富農政策，深化農

〔權威解讀〕

韓長賦（中國農業部部長）

推進農業供給側結構性改革

推進農業供給側結構性改革，當前要重點抓三件事。第一件事，調減玉米。現在糧食庫存多，主要是玉米多。我們現在小麥是基本平衡，大米是平衡略餘，主要是玉米多了一點，要推進糧改飼、糧豆輪作，甚至有些地方要推廣輪作休耕試點，把非優勢產區的玉米面積適當調減下來。第二件事，增加大豆。我們是大豆原產地，我們的高蛋白大豆還是有優勢的，做豆腐、生豆芽，還是我們自己的大豆好。現在大豆不能滿足國內需求，我們進口大豆是需要的，是難免的。但我們還是要把國產大豆的優勢發揮出來，搞好目標價格試點，開展大豆品種攻關，提高大豆生產效益，包括產業鏈建設。第三，提升牛奶。牛奶大家都很關心，近年來中國的奶業得到長足發展，我們人均奶製品佔有量，從 2000 年的時候人均不到 8 公斤，提高到現在的近 30 公斤。但現在的問題是，因為我們的奶業曾經出現過問題，而且偶爾在局部地區還出一點負面信息，所以市場對牛奶缺乏信心。我們一定要振奮，要奮起直追，提升我們奶業的品質，唱響我們的品牌，提高我們的質量，恢復國人對民族乳業的信心。

村改革，拓展農民就業增收渠道，着力提高農業質量、效益和競爭力。

加快農業結構調整。糧食連續增產，為穩定物價、改善民生提供了有力保障，但也面臨庫存大幅增加、市場價格下跌等問題。要完善農產品價格形成機制，引導農民適應市場需求調整種養結構，適當調減玉米種植面積。按照「市場定價、價補分離」原則，積極穩妥推進玉米收儲制度改革，保障農民合理收益。要多措並舉消化糧食庫存，大力支持農產品精深加工，發展畜牧業，延伸農業產業鏈條；制定新一輪退耕還林還草方案，今年退耕還林還草 1500 萬畝以上，這件事一舉多得，務必抓好。積極發展多種形式農業適度規模經營，完善對家庭農場、專業大戶、農民合作社等新型經營主體的扶持政策，培養新型職業農民，鼓勵農戶依法自願有償流轉承包地，開展土地股份合作、聯合或土地託管。深化農村集體產權、農墾、集體林權、國有林場、農田水利、供銷社等改革。

強化農業基礎支撐。全面完成永久基本農田劃定並實行特殊保護，加強高標準農田建設，增加深鬆土地 1.5 億畝，新增高效節水灌溉面積 2000 萬畝。探索耕地輪作休耕制度試點。加強農業科技創新與推廣，深入開展糧食綠色高產高效創建，實施化肥農藥零增長行動。保障財政對農業投入，建立全國農業信貸擔保體系，完善農業保險制度和農村金融服

務，引導帶動更多資金投向現代農業建設。

改善農村公共設施和服務。加大農村基礎設施建設力度，新建改建農村公路 20 萬公里，具備條件的鄉鎮和建制村要加快通硬化路、通客車。抓緊新一輪農村電網改造升級，兩年內實現農村穩定可靠供電服務和平原地區機井通電全覆蓋。實施飲水安全鞏固提升工程。推動電子商務進農村。開展農村人居環境整治，建設美麗宜居鄉村。

實施脫貧攻堅工程。今年要完成 1000 萬以上農村貧困人口脫貧任務，其中易地搬遷脫貧 200 萬人以上，繼續推進貧困農戶危房改造。中央財政扶貧資金增長 43.4%。在貧困縣推進涉農資金整合。堅持精準扶貧脫

廣西憑祥的精準
扶貧工作

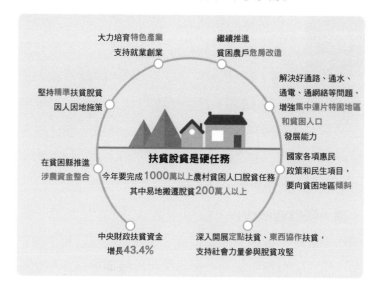

大力培育特色產業
支持就業創業

繼續推進
貧困農戶危房改造

堅持精準扶貧脫貧
因人因地施策

解決好通路、通水、
通電、通網絡等問題，
增強集中連片特困地區
和貧困人口
發展能力

扶貧脫貧是硬任務
今年要完成1000萬以上農村貧困人口脫貧任務
其中易地搬遷脫貧200萬人以上

國家各項惠民
政策和民生項目，
要向貧困地區傾斜

在貧困縣推進
涉農資金整合

中央財政扶貧資金
增長43.4%

深入開展定點扶貧、東西協作扶貧，
支持社會力量參與脫貧攻堅

貧，因人因地施策。大力培育特色產業，支持就業創業。解決好通路、通水、通電、通網絡等問題，增強集中連片特困地區和貧困人口發展能力。國家各項惠民政策和民生項目，要向貧困地區傾斜。深入開展定點扶貧、東西協作扶貧，支持社會力量參與脫貧攻堅。扶貧脫貧是硬任務，各級政府已經立下軍令狀，必須按時保質保量完成。

（五）推進新一輪高水平對外開放，着力實現合作共贏。面對國際經濟合作和競爭格局的深刻變化，順應國內經濟提質增效升級的迫切需要，要堅定不移擴大對外開放，在開放中增強發展新動能、增添改革新動力、增創競爭新優勢。

張高麗主持推進
「一帶一路」建設
工作會議

扎實推進「一帶一路」建設。統籌國內區域開發開放與國際經濟合作，共同打造陸上經濟走廊和海上合作支點，推動互聯互通、經貿合作、人文交流。構建沿線大通關合作機制，建設國際物流大通道。推進邊境經濟合作區、跨境經濟合作區、境外經貿合作區建設。堅持共商共建共享，使「一帶一路」成為和平友誼紐帶、共同繁榮之路。

擴大國際產能合作。堅持企業為主、政府推動、市場化運作，實施一批重大示範項目。落實和完善財稅金融支持政策，設立人民幣海外合作基金，用好雙邊產能合作基金。

推動裝備、技術、標準、服務走出去，打造中國製造金字品牌。

促進外貿創新發展。面對外需持續低迷的嚴峻形勢，要多措並舉，遏制進出口下滑勢頭。一要加快落實和完善政策。優化出口退稅率結構，確保及時足額退稅，嚴厲打擊騙取退稅。增加短期出口信用保險規模，實現成套設備出口融資保險應保盡保。二要鼓勵商業模式創新。擴大跨境電子商務試點，支持企業建設一批出口產品「海外倉」，促進外貿綜合服務企業發展。三要優化貿易結構。開展服務貿易創新發展試點，增加服務外包示範城市，加快發展文化對外貿易。進一步整合優化海關特殊監管區域，促進加工貿易向中西部地區轉移、向產業鏈中高端延伸。四要推進貿易便利化。全面推廣國際貿易「單一窗口」。降低出口商品查驗率。五要實施更加積極的進口政策。擴大先進技術設備、關鍵零部件及緊缺能源原材料進口。

提高利用外資水平。繼續放寬投資准入，擴大服務業和一般製造業開放，簡化外商投資企業設立程序，加大招商引資

名詞解釋

海外倉

海外倉指在除本國地區的其他國家建立的海外倉庫，一般用於電子商務。貨物從本國出口通過海運、貨運、空運的形式儲存到該國的倉庫，買家通過網上下單購買所需物品，賣家只需在網上操作，對海外的倉庫下達指令完成訂單履行。貨物從買家所在國發出，大大縮短了從本國發貨物流所需要的時間。

力度。創新內陸和沿邊開放模式，打造新的外向型產業集群，引導外資更多投向中西部地區。擴大自貿試驗區試點。創新開發區體制機制。我們將營造更加公平、更為透明、更可預期的投資環境，中國要始終成為富有吸引力的外商投資熱土。

　　加快實施自由貿易區戰略。積極商簽區域全面經濟夥伴關係協定，加快中日韓自貿區等談判，推進中美、中歐投資協定談判，加強亞太自貿區聯合戰略研究。我們願與各方一道，推進貿易投資自由化，共同構建均衡、共贏、包容的國際經貿體系。

　　（六）加大環境治理力度，推動綠色發展取得新突破。治理污染、保護環境，事關人民群眾健康和可持續發展，必須強力推進，下決心走出一條經濟發展與環境改善雙贏之路。

　　重拳治理大氣霧霾和水污染。今年化學需氧量、氨氮

名詞解釋	區域全面經濟夥伴關係協定（Regional Comprehensive Economic Partnership，簡稱RCEP）是東盟國家近年來首次提出，並以東盟為主導的區域經濟一體化合作，是成員國間相互開放市場、實施區域經濟一體化的組織形式。RCEP的主要成員國計劃包括與東盟已經簽署自由貿易協定的國家，即中國、日本、韓國、澳大利亞、新西蘭、印度。RCEP的目標是消除內部貿易壁壘、創造和完善自由的投資環境、擴大服務貿易，還將涉及知識產權保護、競爭政策等多領域，自由化程度將高於東盟與這6個國家已經達成的自貿協議。RCEP擁有佔世界總人口約一半的人口，生產總值佔全球年生產總值的三分之一。
區域全面經濟夥伴關係協定	

〔權威解讀〕

陳吉寧（中國環保部部長）

煤炭消費與空氣污染

中國的大氣污染問題很大程度上是來自於我們的能源結構，或更確切地講是來自於煤的燃燒而造成的。我們也高度重視調整能源結構，在「十三五」對能源效率和能源結構都有明確的要求。同時也在大力推進清潔煤炭的使用。最近中國政府正在推動燃煤電廠的超低排放改造工程，要求電廠排放的二氧化硫、氮氧化物和煙塵接近天然氣電廠的水平，這是一項革命性的變革和舉措，顛覆了我們傳統上認為煤炭不清潔的認識，會對我們解決霧霾問題帶來積極的影響。

另外一個重要的方面，煤炭對霧霾的影響就是散煤的問題。散煤是一個比較難的問題，因為它涉及到千家萬戶。一噸散煤燃燒的排放相當於五噸到十噸電廠排放的污染物，而且隨着人民群眾生活水平的提高，散煤的用量在增加。去年冬天幾次嚴重的霧霾，散煤的貢獻是比較大的，所以我們下一個階段將在做好散煤管控工作上有更大的投入，有更好的辦法。

排放量要分別下降 2%，二氧化硫、氮氧化物排放量分別下降 3%，重點地區細顆粒物（$PM_{2.5}$）濃度繼續下降。着力抓好減少燃煤排放和機動車排放。加強煤炭清潔高效利用，減少散煤使用，推進以電代煤、以氣代煤。全面實施燃煤電廠超低排放和節能改造。加快淘汰不符合強制性標準的燃煤鍋爐。增加天然氣供應，完善風能、太陽能、生物質能等發展扶持政策，提高清潔能源比重。鼓勵秸稈資源化綜合利用，限制直接焚燒。全面推廣車用燃油國五標準，淘汰黃標車和老舊車 380 萬輛。在重點區域實行大氣污染聯防聯控。全面

推進城鎮污水處理設施建設與改造，加強農業面源污染和流域水環境綜合治理。加大工業污染源治理力度，對排污企業全面實行在線監測。強化環境保護督察，做到獎懲分明。新修訂的環境保護法必須嚴格執行，對超排偷排者必須依法嚴厲打擊，對姑息縱容者必須依法嚴肅追究。

大力發展節能環保產業。擴大綠色環保標準覆蓋面。完善扶持政策，支持推廣節能環保先進技術裝備，廣泛開展合同能源管理和環境污染第三方治理，加大建築節能改造力度，加快傳統製造業綠色改造。開展全民節能、節水行動，推進垃圾分類處理，健全再生資源回收利用網絡，把節能環保產業培育成我國發展的一大支柱產業。

加強生態安全屏障建設。健全生態保護補償機制。停止天然林商業性採伐，實行新一輪草原生態保護補助獎勵政策。推進地下水超採區綜合治理試點，實施濕地等生態保護

與恢復工程，繼續治理荒漠化、石漠化和水土流失。保護環境，人人有責。每一個社會成員都要自覺行動起來，為建設美麗中國貢獻力量。

（七）**切實保障改善民生，加強社會建設。**為政之道，民生為本。我們要念之再三、銘之肺腑，多謀民生之利，多解民生之憂。財政收入增長雖放緩，但該給群眾辦的實事一件也不能少。

着力擴大就業創業。實施更加積極的就業政策，鼓勵以創業帶動就業。今年高校畢業生將高達 765 萬人，要落實好就業促進計劃和創業引領計劃，促進多渠道就業創業。用好失業保險基金結餘，增加穩就業資金規模，做好企業下崗職工技能培訓和再就業工作，對城鎮就業困難人員提供托底幫扶。完成 2100 萬人次以上農民工職業技能提升培訓任務。加強對靈活就業、新就業形態的扶持。切實做好退役軍人安置和就業創業服務工作。

發展更高質量更加公平的教育。教育承載着國家的未來、人民的期盼。公共教育投入要加大向中西部和邊遠、貧困地區傾斜力度。統一城鄉義務教育經費保障機制，改善薄弱學校和寄宿制學校辦學條件。支持普惠性幼兒園發展。辦好特殊教育。加快健全現代職業教育體系，分類推進中等職業教育免除學雜費。對貧困家庭學生率先免除普通高中學雜費。落實提高鄉村教師待遇政策。加快推進遠程教育，擴大

優質教育資源覆蓋面。提升高校教學水平和創新能力，推動具備條件的普通本科高校向應用型轉變。繼續擴大重點高校面向貧困地區農村招生規模，落實和完善農民工隨遷子女在當地就學和升學考試政策。支持和規範民辦教育發展。教育要促進學生德智體美全面發展，注重培養各類高素質創新型人才。從家庭到學校、從政府到社會，都要為孩子們的安全健康、成長成才擔起責任，共同托起明天的希望。

協調推進醫療、醫保、醫藥聯動改革。健康是幸福之基。今年要實現大病保險全覆蓋，政府加大投入，讓更多大病患者減輕負擔。中央財政安排城鄉醫療救助補助資金 160 億元，增長 9.6%。整合城鄉居民基本醫保制度，財政補助由每人每年 380 元提高到 420 元。改革醫保支付方式，加快推進基本醫保全國聯網和異地就醫結算。擴大公立醫院綜合改革試點城市範圍，協同推進醫療服務價格、藥品流通等

〔權威解讀〕

李斌（中國國家衛生和計劃生育委員會主任）

解決好全面實施兩孩政策的配套政策問題

解決好全面實施兩孩政策的配套政策問題，大體要從這麼幾個方面着手：一是依法保障女性的就業權益，要嚴格落實《中華人民共和國勞動法》《婦女權益保障法》等法律法規，制定和完善保障婦女合法權益的配套措施，要保障婦女的就業、休假的權利，要支持女職工生育以後能重返工作崗位。特別是鼓勵用人單位制定有利於女職工平衡職業和家庭關係的這些政

策，幫助女職工做好職業規劃，堅決反對在婦女就業問題上的歧視。二是增加相關的基本公共服務，合理配置幼兒照料、學前教育和中小學教育等公共服務資源，滿足新增加的公共服務的需求。在這方面，教育部門已經在做安排，提出來要大力增加公立的幼兒園，同時採取政府購買服務的方式，引導和鼓勵社會力量舉辦普惠性幼兒園。各地也要推進三歲以下嬰幼兒託幼機構的建設，鼓勵以社區為依託，興辦託兒所，也鼓勵女職工集中的單位恢復託兒所。包括我們現在的幼兒園能不能向下延伸一下，通過幼兒園來直辦託兒所，支持女職工休完產假一段時間以後能夠回到工作崗位上去。同時加強月嫂、嬰幼兒看護人員的培訓，增加社會這方面人力的供給，推動在機場、車站等公共場所設置母嬰室，方便媽媽們母乳餵養。三是要完善家庭的支持發展政策，研究完善生育保障、住房、稅收等相關經濟社會政策和家庭發展政策，為生育、幼兒養育、青少年的發展提供支持。家庭是孩子的第一學校，家長就是第一位老師，我們要多開展這方面的培訓，要為有需要的家庭提供信息和服務，促進兒童的全面發展。四是要加強婦幼保健的服務能力，健全服務網絡，增加婦產科和兒科的床位，特別是完善職責分工，推廣母子保健手冊，在婦幼保健機構開展一條龍的保健服務。加強危重孕產婦和新生兒的救治能力，保證母嬰的安全。

改革。深化藥品醫療器械審評審批制度改革。加快培養全科醫生、兒科醫生。在 70% 左右的地市開展分級診療試點。基本公共衛生服務經費財政補助從人均 40 元提高到 45 元，促進醫療資源向基層和農村流動。鼓勵社會辦醫。發展中醫藥、民族醫藥事業。建立健全符合醫療行業特點的人事薪酬制度，保護和調動醫務人員積極性。構建和諧醫患關係。完善一對夫婦可生育兩個孩子的配套政策。為了人民健康，要加快健全統一權威的食品藥品安全監管體制，嚴守從農田到餐桌、從企業到醫院的每一道防線，讓人民群眾飲食用藥安

全放心。

織密織牢社會保障安全網。繼續提高退休人員基本養老金標準。各地要切實負起責任，確保養老金按時足額發放。制定劃轉部分國有資本充實社保基金辦法。開展養老服務業綜合改革試點，推進多種形式的醫養結合。落實臨時救助、特困人員救助供養等制度，合理確定救助供養標準，完善工作機制。城鄉低保人均補助標準分別提高 5% 和 8%。加快健全城鄉社會救助體系，使困難群眾遇急有助、遇困有幫，讓社會充滿關愛和溫暖。

推進文化改革發展。用中國夢和中國特色社會主義凝聚共識、彙聚力量，培育和踐行社會主義核心價值觀，加強愛國主義教育。實施哲學社會科學創新工程，發展文學藝術、新聞出版、廣播影視、檔案等事業。建設中國特色新型智庫。加強文物和非物質文化遺產保護利用。深化群眾性精神文明創建活動，倡導全民閱讀，普及科學知識，弘揚科學精神，提高國民素質和社會文明程度。促進傳統媒體與新興媒體融合發展。培育健康網絡文化。深化中外人文交流，加強國際傳播能力建設。深化文化體制改革，引導公共文化資源向城鄉基層傾斜，推動文化產業創新發展，繁榮文化市場，加強文化市場管

習近平調研中國中央三大媒體

習近平主持召開中國共產黨的新聞輿論工作座談會

理。推進數字廣播電視戶戶通。做好北京冬奧會和冬殘奧會籌辦工作,倡導全民健身新時尚。

加強和創新社會治理。做好基層基礎工作,推進城鄉社區建設,促進基層民主協商。支持工會、共青團、婦聯等群團組織參與社會治理。加快行業協會商會與行政機關脫鈎改革,依法規範發展社會組織,支持專業社會工作、志願服務和慈善事業發展。加強社會信用體系建設。切實保障婦女、

着力擴大就業創業
今年高校畢業生將高達765萬人,要促進多渠道就業創業
完成2100萬人次以上農民工職業技能提升培訓任務

發展更高質量更加公平的教育
分類推進中等職業教育免除學雜費
對貧困家庭學生率先免除普通高中學雜費

**數說2016
民生任務**

協調推進醫療、醫保、醫藥聯動改革
今年要實現大病保險全覆蓋
中央財政安排城鄉醫療救助補助資金160億元,增長9.6%
整合城鄉基本醫保,財政補助由每人每年380元提高到420元
基本公共衛生服務經費財政補助從人均40元提高到45元

織密織牢社會保障安全網
城鄉低保人均補助標準分別提高5%和8%

兒童、殘疾人權益，加強對農村留守兒童和婦女、老人的關愛服務。深化司法體制改革，開展法治宣傳教育，啟動實施「七五」普法規劃，做好法律援助和社區矯正工作。完善國家網絡安全保障體系。創新社會治安綜合治理機制，以信息化為支撐推進社會治安防控體系建設，依法懲治違法犯罪行為，嚴厲打擊暴力恐怖活動，增強人民群眾的安全感。改進信訪工作，完善多元調解機制，有效化解矛盾糾紛，促進社會平安祥和。

生命高於一切，安全重於泰山。必須堅持不懈抓好安全生產和公共安全，加強安全基礎設施和防災減災能力建設，健全監測預警應急機制，提高氣象服務水平，做好地震、測繪、地質等工作。完善和落實安全生產責任、管理制度和考核機制，實行黨政同責、一崗雙責，加大失職追責力度，嚴格監管執法，堅決遏制重特大安全事故發生，切實保障人民生命財產安全。

（八）加強政府自身建設，提高施政能力和服務水平。重任千鈞惟擔當。面對異常艱巨複雜的改革發展任務，各級政府要深入貫徹落實新發展理念，把全面建成小康社會使命扛在肩上，把萬家憂樂放在心頭，建設人民滿意的法治政府、創新政府、廉潔政府和服務型政府。

堅持依法履職，把政府活動全面納入法治軌道。各級政府及其工作人員要帶頭嚴格遵守憲法和法律，自覺運用法治

思維和法治方式推動工作，法定職責必須為，法無授權不可為。積極推行政府法律顧問制度。深入推進政務公開，充分發揮傳統媒體、新興媒體作用，利用好網絡平台，及時回應社會關切，使群眾瞭解政府做什麼、怎麼做。各級政府要依法接受同級人大及其常委會的監督，自覺接受人民政協的民主監督，接受社會和輿論監督，讓權力在陽光下運行。

李克強：加大政務公開力度，讓群眾像掃二維碼一樣清清楚楚、一覽無餘

堅持廉潔履職，深入推進反腐倡廉。認真落實黨風廉政建設主體責任，嚴懲整治各種頂風違紀行為。加強行政監察，推進審計全覆蓋。

張德江部署全國人大常委會對職業教育法的執法檢查工作

以減權限權、創新監管等舉措減少尋租空間，剷除滋生腐敗土壤。推動黨風廉政建設向基層延伸，堅決糾正侵害群

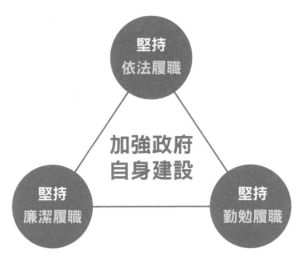

眾利益的不正之風，堅定不移懲治腐敗。

堅持勤勉履職，提高執行力和公信力。政府工作人員要恪盡職守、夙夜在公，主動作為、善謀勇為。深入踐行「三嚴三實」，增強政治意識、大局意識、核心意識、看齊意識，加強作風和能力建設，打造高素質專業化的公務員隊伍。健全並嚴格執行工作責任制，確保各項

李克強：決不允許
佔着位子不幹事

〔延伸閱讀〕

健全激勵機制和容錯糾錯機制

　　敢想敢幹的改革創新者也可能犯錯。正因為他們是改革者、是創新者，在實踐中會有一些新思想、新做法，有可能會改變舊有的發展模式，會打破原有的利益格局，會讓一些人對他們「另眼相看」，甚至會引起一些人的恐慌、質疑。而一旦他們在實踐過程中出現了失誤，不小心犯了錯，就可能被一些別有用心的人大做文章。如果沒有相應的機制保護，改革創新者的積極性就會被打壓，甚至打垮。

　　改革道路絕非坦途，是除舊佈新的過程，是迎着困難上、不斷迎接挑戰的過程。現實中，一些改革措施遭遇「中梗阻」，一些重大戰略難以落實，一定程度上與一些領導幹部有顧慮、不敢改革、不敢創新有關，他們認為「槍打出頭鳥」「做得越多風險越大」。通過健全激勵機制，讓改革創新者嘗到「甜頭」，看到幹與不幹確實不一樣；通過容錯糾錯機制，讓改革創新者感受到「依靠」，釋放出更多的工作活力。

　　當然，容錯不等於無限度寬容，更不等於可以胡來，各地各部門在深入推進改革創新的過程中要從實際出發，加強民主集中，不允許出現不經調研的「拍腦袋決策」和不經集體討論的「任性拍板」。

　　健全激勵機制和容錯糾錯機制意義重大，會堅定廣大領導幹部改革創新的決心，增加他們推進改革創新的底氣。

政策和任務不折不扣落到實處。健全督查問責機制，堅決整肅庸政懶政怠政行為，決不允許佔着位子不幹事。健全激勵機制和容錯糾錯機制，給改革創新者撐腰鼓勁，讓廣大幹部願幹事、敢幹事、能幹成事。中國改革開放30多年的輝煌成就，就是廣大幹部群眾幹出來的。

上下同欲者勝。我們要充分發揮中央和地方兩個積極性。對真抓實幹成效明顯的地方，在建設資金安排、新增建設用地、財政沉澱資金統籌使用等方面，加大獎勵支持力度。鼓勵各地從實際出發幹事創業，形成競相發展的生動局面。

各位代表！

中華民族是一個大家庭，促進各民族和睦相處、和衷共濟、和諧發展，是各族人民的根本利益和共同責任。要堅持中國特色解決民族問題的正確道路，堅持和完善民族區域自治制度，嚴格執行黨的民族政策，深入開展民族團結進步創建活動，推動建立各民族相互嵌入式的社會結構和社區環境，促進各民族交往交流交融。落實促進民族地區發展的差別化支持政策，加強對口幫扶，保護和發展少數民族優秀傳統文化及特色村鎮，加大扶持人口較少民族發展力度，大力實施興邊

俞正聲在新疆維吾爾自治區看望慰問各級幹部群眾及宗教界人士

富民行動，讓全國各族人民共同邁向全面小康社會。

我們要全面貫徹黨的宗教工作基本方針，堅持依法管理宗教事務，促進宗教關係和諧，發揮宗教界人士和信教群眾在促進經濟社會發展中的積極作用。

我們要認真落實僑務政策，依法維護海外僑胞和歸僑僑眷的合法權益，充分發揮他們的獨特優勢和重要作用，不斷增強海內外中華兒女的向心力。

各位代表！

過去一年，國防和軍隊建設取得顯著成效。新的一年，要緊緊圍繞實現黨在新形勢下的強軍目標，深入推進政治建軍、改革強軍、依法治軍，全面加強軍隊革命化現代化正規化建設，堅決維護國家安全。堅持黨對軍隊絕對領導的根本原則和制度，落實古田全軍政治工作會議精神。統籌推進各方向各領域軍事鬥爭準備，嚴密組織日常戰備和邊海空防管控。加強後勤保障和裝備發展。穩步推進領導指揮體制改革，部署展開軍隊規模結構和政策制度等改革。提高軍隊建設法治化水平。建設現代化武裝警察部隊。加強全民國防教育和國防動員建設。推動重要領域軍民融合深度發展，在重要基礎設施建設中充分考慮國防需求。發展國防科技工業。各級政府要大力支持國防和軍隊建設，走出一條新時期魚水情深的軍政軍民團結之路。

各位代表！

我們將全面準確貫徹「一國兩制」、「港人治港」、「澳人治澳」、高度自治的方針，嚴格依照憲法和基本法辦事。全力支持香港、澳門特別行政區行政長官和政府依法施政。發揮港澳獨特優勢，提升港澳在國家經濟發展和對外開放中的地位和功能。深化內地與港澳合作，促進港澳提升自身競爭力。我們相信，香港、澳門一定會保持長期繁榮穩定。

我們要繼續堅持對台工作大政方針，堅持「九二共識」政治基礎，堅決反對「台獨」分裂活動，維護國家主權和領土完整，維護兩岸關係和平發展和台海和平穩定。推進兩岸經濟融合發展。促進兩岸文教、科技等領域交流，加強兩岸基層和青年交流。我們將秉持「兩岸一家親」理念，同台灣同胞共擔民族大義，共享發展機遇，攜手構建兩岸命運共同體。

習近平對台講話
引兩岸熱烈反響

各位代表！

我們將繼續高舉和平、發展、合作、共贏的旗幟，踐行中國特色大國外交理念，維護國家主權、安全、發展利益。辦好在我國舉行的二十國集團領導人峰會，推動世界經濟創新增長，完善全球經濟金融治理。加強與各主要大國協調合

作，建設良性互動、合作共贏的大國關係。秉持親誠惠容的周邊外交理念，與地區國家持久和平相處、聯動融合發展。深化南南合作、促進共同發展，維護發展中國家正當合法權益。建設性參與解決全球性和熱點問題。加快海外利益保護能力建設，切實保護我國公民和法人安全。中國願與國際社會一道，為人類和平與發展事業不懈努力！

各位代表！

奮鬥才能贏得未來。讓我們更加緊密地團結在以習近平同志為總書記的黨中央周圍，凝心聚力，奮發進取，努力完

成今年經濟社會發展目標任務，確保全面建成小康社會決勝階段良好開局，為建成富強民主文明和諧的社會主義現代化國家、實現中華民族偉大復興的中國夢作出新的貢獻！

李克強：奮鬥才能贏得未來

李克強政府工作
報告完整視頻

李克強答記者問
完整視頻

附 錄

30句話
走近報告

①
在困難和壓力面前，全國各族人民付出了極大辛勞，一步一步走了過來。這再次表明，任何艱難險阻都擋不住中國發展前行的步伐！

②
我們要持之以恆，建設天藍、地綠、水清的美麗中國。

③
實現新舊動能轉換，推動發展轉向更多依靠人力人才資源和科技創新，既是一個伴隨陣痛的調整過程，也是一個充滿希望的升級過程。只要闖過這個關口，中國經濟就一定能夠浴火重生、再創輝煌。

④
中國的發展從來都是在應對挑戰中前進的，沒有過不去的坎。

⑤
創新財政支出方式，優化財政支出結構，該保的一定要保住，該減的一定要減下來。

⑥
各級政府要堅持過緊日子，把每一筆錢都花在明處、用在實處。

⑦
堅決守住不發生系統性區域性風險的底線。

⑧
讓居民和企業少跑腿、好辦事、不添堵。簡除煩苛，禁察非法，使人民群眾有更平等的機會和更大的創造空間。

9 大力弘揚創新文化，厚植創新沃土，營造敢為人先、寬容失敗的良好氛圍，充分激發企業家精神，調動全社會創業創新積極性，彙聚成推動發展的磅礴力量。

10 培育精益求精的工匠精神。

11 依法平等保護各種所有制經濟產權，嚴肅查處侵犯非公有制企業及非公有制經濟人士合法權益的行為，營造公平、公正、透明、穩定的法治環境，構建新型政商關係，促進各類企業各展其長、共同發展。

12 居住證具有很高的含金量，要加快覆蓋未落戶的城鎮常住人口，使他們依法享有居住地義務教育、就業、醫療等基本公共服務。

13 打造智慧城市，完善公共交通網絡，治理交通擁堵等突出問題，改善人居環境，使人民群眾生活得更安心、更省心、更舒心。

14 推動電子商務進農村。開展農村人居環境整治，建設美麗宜居鄉村。

15 扶貧脫貧是硬任務，各級政府已經立下軍令狀，必須按時保質保量完成。

16 推動裝備、技術、標準、服務走出去，打造中國製造金字品牌。

17 為政之道，民生為本。我們要念之再三、銘之肺腑，多謀民生之利，多解民生之憂。財政收入增長雖放緩，但該給群眾辦的實事一件也不能少。

18 從家庭到學校、從政府到社會，都要為孩子們的安全健康、成長成才擔起責任，共同托起明天的希望。

19 為了人民健康，要加快健全統一權威的食品藥品安全監管體制，嚴守從農田到餐桌、從企業到醫院的每一道防線，讓人民群眾飲食用藥安全放心。

加快健全城鄉社會救助體系，使困難群眾遇急有助、遇困有幫，讓社會充滿關愛和溫暖。

重任千鈞惟擔當。

把全面建成小康社會使命扛在肩上，把萬家憂樂放在心頭，建設人民滿意的法治政府、創新政府、廉潔政府和服務型政府。

法定職責必須為，法無授權不可為。

以減權限權、創新監管等舉措減少尋租空間，剷除滋生腐敗土壤。

健全督查問責機制，堅決整肅庸政懶政怠政行為，決不允許佔着位子不幹事。

健全激勵機制和容錯糾錯機制，給改革創新者撐腰鼓勁，讓廣大幹部願幹事、敢幹事、能幹成事。

上下同欲者勝。

我們將秉持「兩岸一家親」理念，同台灣同胞共擔民族大義，共享發展機遇，攜手構建兩岸命運共同體。

 奮鬥才能贏得未來。

中國改革開放30多年的輝煌成就，就是廣大幹部群眾幹出來的。

視頻索引

國家圖書館出版品預行編目(CIP)資料

圖解中華人民共和國政府工作報告 . 2016 / 唐祖蔭
　導讀 ; 苗龍編輯 . -- 第一版 . -- 臺北市 : 風格司
　藝術創作坊 , 2016.05
　　面 ；　公分
　ISBN 978-986-93067-6-8(平裝)

　1. 公共行政 2. 施政報告 3. 中國

　575.2　　105006405

書　　　名：**圖解中華人民共和國2016政府工作報告**
責 任 編 輯：苗龍
發 行 人：謝俊龍
出　　　版：風格司藝術創作坊
　　　　　　106 台北市大安區安居街 118 巷 17 號
　　　　　　Tel：（02）8732-0530　Fax：（02）8732-0531
總 經 銷：紅螞蟻圖書有限公司
　　　　　　Tel：（02）2795-3656 Fax：（02）2795-4100
　　　　　　地址：台北市內湖區舊宗路二段121巷19號
　　　　　　http://www.e-redant.com
出版日期：2016 年 05 月　第一版第一刷
訂　　價：280 元

ISBN 978-986-93067-6-8　　　　　　　　Printed inTaiwan